Als der Nikolausmarkt in Dornbirn noch am Rathausplatz war, ein Foto aus dem Jahr 1964.

Peter Strasser

Weihnachten in
VORARLBERG

»Lasst auch dies Jahr gesegnet sein«,
Ludwig Richter.

Sutton Verlag GmbH
Hochheimer Straße 59
99094 Erfurt
www.suttonverlag.de

Verlagsrepräsentanz Österreich
Obkirchergasse 21/7
1190 Wien
www.suttonverlag.at

Copyright © Sutton Verlag, 2013
ISBN: 978-3-95400-204-7
Druck: CPI books GmbH, Leck

Inhaltsverzeichnis

Vorwort 7

1. Die Adventszeit 9
2. Die Weihnachtszeit 47
3. Silvester und Neujahr 128
4. Der Dreikönigstag 160

Dank 180
Bildnachweis 181
Literaturverzeichnis 184

Fröhliche Weihnachten! – Deutschland
Happy Christmas! – England
Merry Christmas! – USA
Joyeux Noël! – Frankreich
Feliz Navidad! – Spanien
Feliz Natal! – Portugal
Buon Natale! – Italien
Prettige Kerstdagen! – Holland
Wesolych Swiat! – Polen
God Jul! – Schweden
Sretan Bozicj! – Bosnien
Glaedelig Jul! – Dänemark
Hyvää Joulua! – Finnland
God Jul! – Norwegen
Sretan Bozic! – Kroatien
Gleöileg Jöl! – Island
Linksmu Kaledu! – Litauen
Streken Bozhik! – Mazedonien
Mutlu Noeller! – Türkei
Kellemes Karäcsonyt! – Ungarn
Shinnen omedeto! – Japan
Geseende Kerfees! – Afrikaans
Kala Christougenna! – Griechenland

Vorwort

Advent, Weihnachten und Neujahr stellen im Christentum festliche Höhepunkte während der kalten und dunklen Jahreszeit dar. Das Weihnachtsfest hat inzwischen viele Menschen auf der ganzen Welt, auch wenn sie nicht den christlichen Religionen angehören, in seinen Bann gezogen. Gilt Weihnachten als Fest für die Familie, so dienen Silvester und Neujahr mehr den gesellschaftlichen Vergnügungen.

Auch in Vorarlberg besteht zwischen dem ersten Adventsonntag und dem Festtag der Heiligen Dreikönige am 6. Jänner eine Reihe von Bräuchen, die dem Land vor dem Arlberg – und dieser Zeit – einen unverwechselbaren Charakter geben. Der Klos am 6. Dezember, der Besuch der Rorate und der Christmette, das Schmücken des Christbaumes und das Aufstellen der Weihnachtskrippe, die Feuerwerke und das Anwünschen zu Neujahr und die Hausbesuche der Heiligen Drei Könige sind im Vorarlberger Festbrauchtum tief verankert.

Mögen Bräuche auch althergebracht und beständig scheinen, so unterliegen sie doch – wie überhaupt die Lebensstile des Alltags – einem ständigen Wandel. Vieles ist in Vergessenheit geraten und wurde durch neue Praktiken ersetzt. Man mag diesen Wandel beklagen, wenn zum Beispiel lokale Besonderheiten durch importierte Moden und Erzeugnisse des Zeitgeistes verdrängt werden. Andererseits ist es die Bevölkerung selbst, die ihr Brauchrepertoire schafft, pflegt und weitergibt: Brauchtum wirkt nur überzeugend, wenn die Menschen es ehrlich und mit Überzeugung selbst leben und nicht am Folkloreabend für die Touristen aufführen.

Die Leser sind eingeladen, an den Festtagssitten längst vergangener Tage teilzunehmen, die Geschichten rund um den bekannten und beliebten Weihnachtsschmuck, wie den Adventkranz oder den Christbaum, kennenzulernen und sich von den schönsten und bewegendsten Winter- und Weihnachtsmärchen verzaubern zu lassen. Weihnachtliche Illustrationen und winterliche Impressionen aus Vorarlberg runden die Einstimmung auf die schönste Zeit des Jahres ab.

Lassen Sie sich von diesem Buch von der Adventszeit über den Klos, den Heiligen Abend, Silvester, den Neujahrstag bis hin zum Dreikönigstag am 6. Jänner begleiten. Wenn dabei alte Bräuche wieder vor Augen treten und manche Kindheitserinnerungen lebendig werden, so hat dieses Büchlein seinen Zweck erfüllt.

Nun wünsche ich Jung und Alt besinnliche und vergnügliche Lesestunden.

Peter Strasser
Nüziders, im Herbst 2013

1.

Die Adventszeit

Im Advent
BERNHARD LEMLING

*Harft der Wind ein Lied daher,
rauschet auf in allen Zweigen,
eine wundersame Mär
ist nur ihm allein zu eigen.*

*Menschenkind, dein will ich sein,
dein in diesen bangen Nächten.
Horche auf und stimme ein:
Tonet, Himmel, den Gerechten!*

BAUERNREGELN

- Herrscht im Advent recht strenge Kält', sie volle 18 Wochen hält.

- Fließt Nikolaus noch der Birkensaft, dann kriegt der Winter keine Kraft.

- Auf kalten Dezember mit tüchtigem Schnee folgt fruchtbar Jahr mit reichlich Klee.

- Bleibt im Dezember der Winter fern, so nachwintert es gern.

- Bringt Dezember Kälte ins Land, dann wächst das Korn selbst auf dem Sand.

- Dezember dunkel, nicht sonnig und klar, verheißt ein gutes fruchtbares Jahr, ein nasser macht es unfruchtbar.

- Dezember kalt mit Schnee, gibt Frucht auf jeder Höh'.

- Dezember mild und mit viel Regen ist für die Saat kein großer Segen.

- Regnet es an Nikolaus, wird der Winter streng, ein Graus. Trockener St. Nikolaus, milder Winter rund ums Haus.

Eine Rodelpartie im Klostertal um 1930.

Das Rorate
Alphons M. Rathgeber

Ich bin meiner Lebtag kein allzu williger Frühaufsteher gewesen. Aber wenn die Mutter am nächtigen Wintermorgen meinen Bettzipfel zog und rief: »Bub, steh auf, 's ist Zeit ins Rorate!«, da sprang der faule Siebenschläfer mit einem Satz in die Hose und überwand sogar die Scheu vor dem halb eingefrorenen Waschwasser. Und wie schön war der Gang in die Kirche! Mit brennenden Spänen und hellen Laternen kamen die Leute aus ihren Gehöften, wie Irrlichter tauchten die Fackeln bald strahlend auf, bald verschwanden sie hinter Hecken und Bäumen. Mochte der harte Schnee unter den Schuhen auch überlaut knistern, mochte der kalte Winterfrost auch mit tausend Nadeln in die Backen und die Näslein stechen – welches Kind hätte darob geweint und gejammert? Es ging doch zum Rorate! Und dann die Lieder, die lieben, jahrhundertealten Roratelieder! Was tat's, wenn wir Kinder auch nicht alles verstanden, was wir mit voller Kehle sangen!

Der Advent – die dunkelste, aber auch die geheimnisvollste Zeit des Jahres

Mit dem Advent beginnt nicht nur das neue Kirchenjahr, sondern mit der Vorbereitung auf die Geburt Christi auch die Erwartung des Weihnachtsfestes. Zugleich öffnet sich ein Festreigen, der die dunkle und kalte Zeit des Jahres mit neuer und besonderer Stimmung erfüllt: das Warten auf die Geburt Christi. Seit dem Jahr 600 dauert sie – auf damalige Anordnung von Papst Gregor – vier Wochen. Zuvor umfasste sie, wie heute noch die Fastenzeit, 40 Tage.

In dieser Zeit des Wartens wurde bis vor dem Ersten Weltkrieg im Montafon das Täglüta abgehalten: In Vandans zum Beispiel erklang um vier Uhr früh eine Glocke nach der anderen, bis schließlich alle drei gleichzeitig läuteten. Der Volkskundler Hans Barbisch erkannte die Situation, als er schrieb: »Für die armselig bezahlte Mesnerfamilie war das Adventläuten eine Strapaz, umso mehr, als um sieben Uhr früh die Rorateämter abgehalten wurden.«

Diese Roratemessen wurden bis zum 16. Dezember gefeiert. Wohlhabende Haushalte stifteten die Messen für das Seelenheil der Familienmitglieder, im großen Walsertal auch für die Verstorbenen. Die Rorate-Ämter heben Maria als Mutter Gottes hervor. Ihr feierlicher Charakter wurde früher durch die Aufführung szenischer Darstellungen aus der Kindheitsgeschichte Jesu oder von der Begegnung Marias mit dem Erzengel Gabriel noch erhöht. In manchen Orten bleibt dabei in der Kirche die elektrische Beleuchtung ausgeschaltet, wodurch die Kerzen dem Gotteshaus eine besonders feierliche und geheimnisvolle Stimmung verleihen. Nach der heiligen Messe werden oftmals die Schüler und Schülerinnen im Pfarrhaus oder bei der Stifterfamilie zum Frühstück eingeladen. Die letzten sieben Tage vor Weihnachten bleiben aber den O-Antiphonen vorbehalten. Diese Gebetsanrufe stellen die Ankunft Christi als Messias in den Mittelpunkt.

Am 8. Dezember feiert man das Fest Mariä Empfängnis. War das Fest früher ein kirchlich gebotener Feiertag, so steht bei diesem Tag heute immer wieder ein ganz profanes Thema im Vordergrund: Sollen oder dürfen an diesem Tag die Geschäfte geöffnet werden? Auf jeden Fall können sich die Schulkinder auf diesen Tag freuen, denn sie haben schulfrei.

Der Adventkalender mit seinen 24 Türchen und Fensterchen mit Bildern und kurzen Geschichten (und manchmal besteht er aus kleinen Taschen um darin kleine Geschenke verstauen zu können) hilft den Kindern ihre Wartezeit auf das Christkind etwas zu verkürzen. Den Kalender gibt es seit dem Beginn des 20. Jahrhunderts. Die Fassade des Dornbirner Rathauses wird in der Vorweihnachtszeit zu einem riesigen Adventkalender.

Weihnachtsmärkte werden in den Städten Vorarlbergs und in vielen Gemeinden abgehalten. Die Klösler-Märkte, wie zum Beispiel in Bregenz, Dornbirn, Feldkirch und Egg, finden am

Nikolaustag statt. Für viele Bregenzerwälder dient dabei der Klösler als Haupteinkaufstag für das Weihnachtsfest.

In dieser dunklen Zeit der Erwartung hat der Volksglaube (oder ist es in diesem Fall bereits Aberglaube?) geheimnisvolle Vorstellungen vertreten. Der Dichter und Bauer Franz Michael Felder berichtete aus dem Bregenzerwald folgende Überlieferung: Wenn man im Advent kein christliches Zeichen von sich gab (wie zum Beispiel nicht zu beten) und in der Heiligen Nacht eine Haselrute schnitt, so konnte man damit einen viele Stunden weit Entfernten schlagen.

Mancherorts, wie im Brandnertal und in Bizau, wurde das Herbergsuchen der Muttergottes gepflegt. Neun Tage vor Weihnachten, am 15. Dezember, versammelten sich Gruppen von je neun Mädchen oder Frauen zu Hause zum Rosenkranz. Eine Marienstatue oder ein Marienbild, flankiert von Kerzen oder Öllichtern, bekam in der Stube als Herberge einen Ehrenplatz. Beim Gebet wurde die Reihenfolge der nächsten Hausbesuche ausgelost. Wer die Nummer neun zog, durfte die Muttergottesstatue, die von Haus zu Haus mitgetragen wurde, nach Weihnachten bis ins nächste Jahr im Haus beherbergen. Bis Lichtmess hatte stets ein Licht zu brennen.

Der 21. Dezember ist als Namenstag dem hl. Thomas, einem der zwölf Apostel, gewidmet. Als Tag der Wintersonnenwende fällt der Thomastag auf den kürzesten Tag des Jahres. Die vorhergehende Nacht, die Thomasnacht, stellt daher die längste Nacht im Jahreslauf dar – »Ab Thomastag wächst der Tag um einen Hahnenschrei«. Mit dem Thomastag sind viele Bräuche und abergläubische Vorstellungen verbunden, da an diesem kurzen Tag die Geister und Dämonen besonders lang ihr Unwesen treiben können. In den österreichischen Städten wurde an diesem Tag bis in das 19. Jahrhundert der Stadtrichter bzw. Bürgermeister von den wahlberechtigten Bürgern neu gewählt. In bäuerlichen Gegenden fand an diesem Datum die Hausschlachtung des Hausschweines für das weihnachtliche Festmahl am 25. Dezember statt.

Die Weihnachtsbeleuchtung in der Feldkircher Marktstraße im Jahr 1968.

In den Tagen vor Weihnachten brachte der Mesner den Familien geweihte Weihrauchkörner. Diese dienten am Heiligen Abend oder in der Zeit bis Dreikönig der Hausräucherung. Der Hausvater schritt, das Glutgefäß mit dem brennenden Weihrauch tragend, betend und segnend durch das Haus. Der älteste Sohn trug die Weihwasserschale und die ganze Familie zog betend mit.

Heute haben sich weitere Fixpunkte im vorweihnachtlichen Brauchleben herausgebildet. Weihnachtsfeiern in Altersheimen und Krankenhäusern, in Betrieben und Vereinen, der Krippenbau und das Backen der Weihnachtskekse in der Familie, Krippenspiele in den Schulen und Pfarren, die feierliche Eröffnung des Adventmarktes, Krippenausstellungen und Christbaummärkte weisen auf die kommende Bescherung hin. Auch die monatelange Beschallung mit Weihnachtsliedern in den Einkaufszentren ist ein untrügliches Zeichen für das nahende Weihnachtsfest.

Das Herbergsuchen
nach Maria Fink

Aus dem Bregenzerwald ist das Herbergsuchen bekannt. In den Dörfern bilden sich Gruppen zu je neun Frauen. Jede Gruppe besitzt eine Muttergottesstatue, die zwischen dem 15. und 23. Dezember bei jeder Frau eine Nacht und einen Tag beherbergt wird. Die Reihenfolge der Unterbringung wird durch Los ermittelt. Am 15. Dezember übergibt die Besitzerin, bei der die Statue die Zeit seit dem letzten Weihnachtsfest verbracht hat, der Frau mit der Losnummer eins die Plastik mit den folgenden Worten:

»Oh Freundin, nimm' Sie auf in ihrer kalten Wanderschaft. Die schönste Mutter Jesu in ihrer unbefleckten Mutterschaft. Verehr' Sie aber nicht nur heut' und morgen, sondern hilf beständig Ihr Ehr besorgen.«

Darauf antwortet die Frau, die die Muttergottes beherbergen wird: »Sei gegrüßt, oh Jungfrau rein, mit Freuden nehm' ich Dich

Die Weihnachtskrippe der Familie Jakob Maklott in Schruns, um 1920.

in meine Wohnung ein. Verehren will ich Dich mit ganzem Herzen, verlass' auch Du mich nicht in meinen Todesschmerzen.«

Nach diesem Gebet bekommt die Muttergottes in ihrer neuen Herberge einen Ehrenplatz zugewiesen. Am nächsten Abend betet die Frau dieser Herberge das folgende Abschiedsgebet:

»Nun ist wieder zum Scheiden, oh liebste Mutter Maria! Wie schmerzlich ist mir der Abschied von Dir. Wie schlecht bist du von mir bewirtet und verehrt worden. Ach, verzeih mir meine Fehler und Nachlässigkeiten in Deinem Dienst und erlaube mir nur, dass ich mein Herz und alles was ich habe, Dir schenke, mitgebe und aufopf're, damit ich immer bei Dir und Du immer bei mir seiest, und wir in Zeit und Ewigkeit nicht getrennt werden. Nun bitt' ich Dich kniefällig um Deinen Segen.

Nun, liebe Mutter, begleite ich Dich in eine andere Herberge, damit auch die von Dir Heil und Segen erlangen. Oh Gnadenspenderin, mit Sehnsucht erwarten sie Dich und rufen Dir von Herzen schon entgegen. ›Sei tausendmal willkommen und gegrüßt! Oh Maria komm doch bald zu uns.‹ Mir aber liebste Mutter, vergiss' in Ewigkeit diesen Gang nicht. Erinnere Dich besonders, wenn die schreckliche Reise in die Ewigkeit von mir angetreten wird und ich nicht weiß, welches Los mich treffen wird. Oh dann, liebe Mutter, geleite mich und verschaffe mir eine Wohnung im Himmel, wo ich nicht mehr zu fürchten habe, von Dir und Deinem lieben Jesus getrennt zu werden.«

Anschließend bringt die erste Frau die Muttergottes zur zweiten Herberge, wo wieder der Aufnahme- und Willkommensgruß gesprochen wird. Die letzte Frau dieser Neunergruppe, die die Muttergottes am 23. Dezember bekommt, darf sie bis Lichtmess behalten. Am Abend von Maria Lichtmess wird die Muttergottes ihrer Besitzerin zurückgebracht, wo die Statue bis zum Beginn der nächsten Herbergssuche aufbewahrt wird.

Das Klosaholz
Anna Linder-Knecht

Es nahte der Nikolaustag. Da wurden bei uns in Rankweil bis vor wenigen Jahrzehnten noch in den Familien mit Kindern die Klosahölzer aufgehängt. Das waren vierkantige, 30 bis 40 Zentimeter lange Holzstäbe, die auf der einen Seite einen Kopf hatten, an dem das Klosaholz, auch Betholz genannt, aufgehängt wurde. In die scharfen Kanten des Stabes durften die Kinder für gewisse Gebetsübungen, die sie verrichtet, oder kleine Opfer, die sie gebracht hatten, je eine oder auch mehrere Kerben schneiden. Mit großem Eifer waren die Kinder bemüht, alle vier Kantseiten in lückenlose Kerbenreihen umzuwandeln. Wenn über Nacht hie und da ein schwarzer Strich über ein Stück des Betholzes gezogen oder einige Kerben ausgebrochen waren, hieß das, dass nicht andächtig gebetet oder gar geschwindelt worden war. Wohl dem Kinde, das am Abend des 5. Dezember dem Klos ein sauberes, vollgekerbtes Betholz vorweisen konnte. Es wurde besonders mit Geschenken bedacht, während den faulen und schlimmen Kindern das In-den-Sack-Stecken drohte.

Der goldene Schlüssel
Brüder Grimm

Zur Winterszeit, als einmal tiefer Schnee lag, musste ein armer Junge hinausgehen und Holz auf einem Schlitten holen. Wie er es nun zusammengesucht und aufgeladen hatte, wollte er, weil er so erfroren war, noch nicht nach Haus gehen, sondern erst Feuer anmachen und sich ein bisschen wärmen. Da scharrte er den Schnee weg; und wie er so den Erdboden aufräumte, fand er einen kleinen goldenen Schlüssel. Nun glaubte er, wo der Schlüssel wäre, müsste auch das Schloss dazu sein, grub in der Erde und fand ein eisernes Kästchen.

»Wenn der Schlüssel nur passt!«, dachte er, »es sind gewiss kostbare Sachen in dem Kästchen.« Er suchte, aber es war kein Schlüsselloch da. Endlich entdeckte er eins, aber das war so klein, dass man es kaum sehen konnte. Er probierte und der Schlüssel passte glücklich. Da drehte er einmal herum, und nun müssen wir warten, bis er vollends aufgeschlossen und den Deckel aufgemacht hat: Dann werden wir erfahren, was für wunderbare Sachen in dem Kästchen lagen.

Bratäpfel

Zutaten (für 4 Portionen):

4	GROSSE ÄPFEL
	ZITRONENSAFT
200 G	WEICHE BUTTER
4 EL	GEHACKTE MANDELN
4 EL	ROSINEN
2 EL	STAUBZUCKER
2 TL	ZIMT

Zubereitung:

Den Ofen auf 220°C vorheizen.

Das Kerngehäuse aus den Äpfeln entfernen und die Früchte innen mit Zitronensaft beträufeln – so werden sie nicht braun.

Butter, Mandeln und Rosinen verrühren und mit Staubzucker, Zimt und Zitronensaft abschmecken. Die Buttermasse in die Äpfel füllen und diese in eine Auflaufform setzen, in den Ofen schieben und ca. 40 Minuten braten. Nach der Hälfte der Bratzeit eventuell mit Alufolie abdecken, damit die Äpfel nicht verbrennen. Die Bratäpfel auf Tellern anrichten, mit der zerlaufenen Butter aus der Auflaufform begießen und sofort servieren – am besten mit Vanilleeis.

Zubereitungszeit:
ca. 1 Stunde

BAUERNREGELN

- Dezemberwärme hat Eis dahinter.

- Kalter Dezember und fruchtreich Jahr sind vereinigt immerdar!

- Donnert's im Dezember gar, kommt viel Wind das nächste Jahr.

- Ein dunkler Dezember bringt ein gutes Jahr, ein nasser aber macht es unfruchtbar.

- Es folgt allezeit und immerdar auf kalten Dezember ein fruchtbar' Jahr.

- Bricht der Spatz in Pfützen ein, wird's ein milder Christmond sein.

- Grauhäslein im tiefen Dezemberschnee labt sich zu Ostern am grünen Klee.

- Je dunkler es über'm Dezemberschnee war, desto mehr leuchtet Segen im künftigen Jahr.

Die Saarbrücker Hütte auf 2.510 Metern Seehöhe in der Vorarlberger Silvretta.

Der Dornbirner Adventkalender

In der Vorweihnachtszeit wird die Fassade des Dornbirner Rathauses zum Adventkalender. Hinter jedem Fenster befindet sich eine Legende, die künstlerisch von Kindergartenkindern in Bildern umgesetzt wird. Jedes der 24 Fenster wird zusammen mit Kindergärtnerinnen gestaltet. Die alljährliche Eröffnungszeremonie am 1. Dezember ist für alle ein besonderes Erlebnis. Pünktlich um 17 Uhr wird das erste Fenster mit musikalischer Untermalung der Musikmittelschule erleuchtet. Jene Kindergartenkinder, die das erste Fenster gestaltet haben, begleiten die Feier mit einem Lied. Die Eröffnung stellt einen gelungenen Beginn der Zeit der Besinnung in der Vorweihnachtszeit dar. Der große Adventkalender vermittelt Vorfreude auf das Weihnachtsfest und lädt Kinder und Eltern zu einem Familienspaziergang zum Rathaus ein.

Geschmückter Advendtskranz im Jahr 2012.

Der Adventkranz

Nicht nur die Adventszeit, auch der Adventkranz mit seinen vier Kerzen kündigt das nahende Weihnachtsfest an. Das Anzünden einer Kerze am Adventsonntag stellt einen feierlichen Moment während der hektischen Vorweihnachtszeit dar. Das gemeinsame Singen und Musizieren – auch zum Einüben für den Heiligen Abend – von Weihnachtsliedern, das Vorlesen von Weihnachts- und Adventgeschichten, das Verkosten von Lebkuchen und das Probieren der ersten Weihnachtskekse sind schöne, unvergessliche Familienerinnerungen.

Der Adventkranz stellt einen jungen Brauch dar, der erst um die Mitte des 20. Jahrhunderts in Vorarlberg Bekanntheit erfuhr. Allerdings verbreitete er sich sehr rasch in den Häusern und Kirchen, was für seine Beliebtheit spricht. Die Ursprünge des Kranzes jedoch gehen weit in der Geschichte zurück. Bereits in der Antike diente der Kranz als Siegeszeichen. Heute wird der mit vier Kerzen geschmückte grüne Adventkranz als Symbol für die Kraft der Christenheit gegen das Dunkle des Lebens betrachtet. Anstatt des Kranzes werden auch Adventgestecke angeboten.

Die Ursprünge des Adventkranzes liegen – wie auch die des Christbaumes – in Norddeutschland. Seine noch kurze – etwas über hundert Jahre alte – Geschichte begann mit dem evangelischen Theologen Johann Wichern (1808–1881), in dessen Hamburger Anstalt der Inneren Mission etwa um Mitte des 19. Jahrhunderts die ersten Adventleuchter brannten. Aus Wicherns Tagebüchern geht hervor, dass er bereits am ersten Adventsonntag des Jahres 1838 bunte Wachskerzen kranzförmig aufstellte. In den 1840er-Jahren wurde in seiner Inneren Mission auf dem Kronleuchter des Betsaales ab dem ersten Advent jeden Tag ein Licht mehr angezündet. 1851 kam ein weiteres typisches Element hinzu, das Tannengrün. Viele wollten nun ebenfalls einen solchen Kranz bei sich zu Hause aufstellen, allerdings war ein Kranz mit 24 Kerzen doch etwas zu groß für die Wohnungen. Mit vier Kerzen, die jeweils einen Adventsonntag darstellen, setzte der Kranz sich schließlich durch. Der Kranz verbreitete sich von Norddeutschland aus – auch mit Hilfe der Jugendbewegung. In Österreich fand er nach dem Ersten Weltkrieg zunächst in Städten, in protestantischen Familien und in gebildeten Schichten Aufnahme. In bäuerlichen Kreisen blieb er noch für längere Zeit unbekannt. Mit der kirchlichen Segnung des Kranzes am Samstag vor dem ersten Adventsonntag wurde er schließlich von der katholischen Kirche als wesentliches vorweihnachtliches Brauchtumselement und als christliches Symbol anerkannt. Die Adventkranzweihen gibt es in manchen Vorarlberger Orten erst seit den 1970er-Jahren, was den Siegeszug des jungen, aber beliebten Brauches auch bei uns eindrucksvoll zeigt.

DER KLOSATAG IN BLUDENZ
NACH ALFONS LEUPRECHT

Der Beitrag, der 1919 verfasst wurde, gibt die damals herrschende Erziehungspraxis wieder, die auf quantitativen Formen der Frömmigkeit, wie das Zählen von Gebeten mit Hilfe des Klosaholzes, und auf abschreckende Verbote und Strafen, wie die Einschüchterung durch den Krampus oder die Züchtigung mit der Rute gründete. Der Beitrag gewährt aber Einblick in das gelebte Brauchtum und in das Erziehungsverständnis, das vor rund hundert Jahren herrschte:

Gleich nach Martini wurden von den Kindern die Klosahölzer hergerichtet, zwei schuhlange, vierkantige Stäbe, in welche sie soviel Einschnitte machten, als sie zu Ehren des hl. Nikolaus Vaterunser gebetet hatten. Das Klosaholz hängte man vor das Kammerfenster, wo es der Klos sehen sollte. Die Kinder fragten oft am Tage: »Mama, was bringt der Klos?« Diese vertröstete sie

Weihnachtliche Stimmung am Bludenzer Sparkassenplatz im Jahr 1967.

lächelnd mit dem Sprüchlein: »A Hettagernele, a Nianawägele, a goldigs Nütile, im a silberna Büxle.«

Am Vorabend des Nikolaustages, an dem im Städtle unter den Lauben der Klosamarkt stattfand und »d' Lüt da Klos gstört hon«, wurde von den Kindern für den Esel, der den Schlitten oder Wagen des hl. Nikolaus mit Gaben ziehen musste, daheim ein Körbchen mit Heu vor die Tür gestellt. Bei Einbruch der Dunkelheit erwarteten sie mit pochenden Herzen das Erscheinen des Klos.

Buben und Mädel saßen um den Stubentisch, in banger Erwartung der Dinge, die da kommen sollten. Manch trotziges Büblein, das sonst gar keck in die Welt guckte, hockte stumm im Winkel oder hängte sich an die Rockfalten der Mutter.

Bald hörte man draußen vor dem Hause laute Schritte und das Rasseln der Ketten. Die Spannung hatte den Höhepunkt erreicht; da ging die Stubentüre auf und Sankt Nikolaus trat herein, mit weitem, goldverziertem Mantel angetan. Ein mächtiger weißer Bart bedeckte seine Brust, die Hand hielt den Bischofsstab und auf seinem Kopfe saß die strahlende Mitra. Hinter ihm aber – stand drohend der Krampus. Zottige Felle bedeckten dessen Gestalt, aus der schwarzen Larve mit den Bockshörnern funkelten ein paar feurige Augen hervor und eine lange, rote Zunge hing ihm aus dem Maul. In seinen Händen trug er die große Birkenrute und über dem Rücken die rasselnde Kette und den gefürchteten Sack. Mäuschenstill war's in der Stube, die Kinder getrauten sich kaum zu atmen, da ertönte des Nikolaus' tiefe Stimme:

»Ich komm vom hohen Himmel herab,
will schauen, ob ich brave Kinder hab',
sind sie brav, sind sie mein,
sind sie bös, steckt sie der Krampus ein.«

Streng prüfte er alle aus dem Katechismus und spendete Lob und Tadel nach Verdienst. Dann mussten die Kinder das Klosaholz zeigen, worauf die Zahl der gebeteten Vaterunser eingeschnitten war. Die Braven bekamen Äpfel und Nüsse. Je mehr Vaterunser das Kind gebetet hatte und je besser es die Fragen zu beantworten wusste, desto mehr wurde es beschenkt. Böse und Unfleißige bekamen kein Geschenk und wurden getadelt. Die Unbändigsten aber mit der Rute gezüchtigt.

Alsdann zog der hl. Nikolaus nach mancherlei Ermahnungen weiter, um seine Besuche in den Nachbarhäusern zu machen. Von den Kindern wurden, ehe sie zu Bett gingen, Teller, in die Zettel mit den betreffenden Namen hineingelegt worden waren, auf den Tisch gestellt und während der Nacht wurde ein Fenster offen gelassen, damit der Klos, der vom Himmel herunter ritt, Geschenke einlegen konnte. Wenn die Kinder am Morgen erwachten, so hatte ihnen der Klos eingelegt: Kleidungsstücke, Heiligenbilder, Gebetbücher, Rosenkränze, allerlei Spielzeug, Süßigkeiten, Lebkuchen, Äpfel, dürre Birnen, Feigen und Nüsse.

Eine fröhliche Rodelpartie ins Tal im Jahre 1930 im Klostertal.

Tauet, Himmel
HEINRICH LINDENBORN

»*Tauet, Himmel, den Gerechten,*
Wolken, regnet ihn herab.«
rief das Volk in bangen Nächten,
dem Gott die Verheißung gab,
einst den Retter selbst zu sehen
und zum Himmel einzugehen,
denn verschlossen war das Tor,
bis der Heiland trat hervor.

Voll Erbarmen hört das Flehen
Gott auf hohem Himmelsthron:
Alle Menschen sollen sehen
Gottes Heil in seinem Sohn.
Gottes Engel eilt hernieder,
kehrt mit dieser Antwort wieder:
»Sieh, ich bin des Herren Magd,
mir gescheh, wie du gesagt.«

Und als Mensch zu Menschenkindern
kommt des ewgen Vaters Sohn;
Licht und Heil bringt er den Sündern,
Frieden von des Himmels Thron.
Erde, jauchze auf in Wonne
bei dem Strahl der neuen Sonne:
Bald erfüllet ist die Zeit,
macht ihm euer Herz bereit!

Neuschnee in der Außerlitzstraße in Schruns, um 1920.

Winterpunsch

Zutaten:

1 L	GUTER ROTWEIN (Z.B. BLAUBURGUNDER ODER GRAUVERNATSCH)
500 ML	KRÄFTIGER WEISSWEIN
100 G	BRAUNER ZUCKER
5	ZITRONEN
500 ML	FRISCH GEBRÜHTER, STARKER SCHWARZER TEE
	ZIMTRINDE
500 ML	ARRAK (PALMWEIN)

Zubereitung:
Die Weine in einem Topf mischen, den Zucker darin auflösen. Vier Zitronen auspressen und den Saft hinzufügen. Den frisch gebrühten schwarzen Tee, die Zimtrinde und den Arrak dazugeben. Anschließend den Topf auf die heiße Herdplatte stellen und den Punsch bis kurz vor den Siedepunkt erhitzen. Dann schnell sieben, mit einer Kelle in Gläser schöpfen und mit einer Scheibe Zitrone dekorieren.

Zubereitungszeit:
ca. 15 Minuten

Punschlied
FRIEDRICH SCHILLER

*Vier Elemente, innig gesellt,
bilden das Leben, bauen die Welt.
Presst der Zitrone saftigen Stern!
Herb ist des Lebens innerster Kern.
Jetzt mit des Zuckers linderndem Saft
zähmet die herbe brennende Kraft!
Gießet des Wassers sprudelnden Schwall!
Wasser umfänget ruhig das All'.
Tropfen des Geistes gießet hinein!
Leben dem Leben gibt er allein.*

BAUERNREGELN

- Dezember veränderlich und lind, der ganze Winter wird ein Kind.

- Steigt Rauch aus den gefrorenen Flüssen, ist auf lange Kält' zu schließen.

- Viel Wind und Nebel in Dezembertagen schlechten Frühling und schlechtes Jahr ansagen.

- Weißer Nebel im Winter, da ist Frost dahinter.

- Je tiefer der Schnee, umso höher der Klee.

- Wie der Dezember, so der Lenz.

- Der Frost soll klirren, dann macht der Sommer kein Wirren.

»Viele Eicheln im September, viel Schnee im Dezember«, lautet eine alte Bauernregel. Diese hat einen wahren Hintergrund, denn wenn ein strenger Winter droht, müssten sich die Eichhörnchen einen besonders großen Vorrat anlegen – dafür sorgt die Natur.

Doch tatsächlich lässt die Zahl der Eicheln nur auf das vergangene Wetter schließen. Damit es viele Eicheln gibt, muss der Baum schon im Herbst des Vorjahres viele Blütenansätze gebildet haben. Außerdem muss er gut über den Frühling gekommen sein. Schlüsse auf den kommenden Winter lassen sich aus der Menge der Eicheln also nicht wirklich ziehen.

Nikolaus, o Nikolaus
VOLKSMUND

Nikolaus, Nikolaus pack die Tasche aus,
dass ich immer artig war, weiß jeder hier im Haus.
Ich bin ein braves Kind, das weißt du doch bestimmt,
hör' immer zu, wenn Mutti spricht und ärgere sie nicht.
Meinem Schwesterlein stell ich nie ein Bein,
ich nehme ihr kein Spielzeug weg, das wäre ja gemein.

Ja, Nikolaus, Nikolaus pack die Tasche aus,
dass ich immer artig war, weiß jeder hier im Haus.
Ich bin so lieb und nett, geh abends brav ins Bett,
ich mach sofort die Augen zu und gebe dann auch Ruh.
So artig wie ich war, bleib ich im nächsten Jahr,
der Nikolaus greift in seinen Sack und lacht ganz laut »Haha«.

Der Nikolaus kommt in den 1960er-Jahren zu den Kindern nach Dornbirn.

Der Nikolaus kommt!

Die für Kinder lange Zeit des Wartens auf den Heiligen Abend wird um den 6. Dezember, am Klosotag, durch einen Höhepunkt etwas verkürzt: Der Nikolaus kommt!

Der hl. Nikolaus von Myra lebte in der ersten Hälfte des 4. Jahrhunderts als Bischof in der kleinasiatischen Region von Lykien in der heutigen Türkei. Er ist einer der populärsten Heiligen der Ost- und Westkirche. Viele Wunder werden ihm zugeschrieben und zahllose Geschichten erzählen von seiner Güte und seiner Hilfe.

Wie alte Quellen berichten, brachte in Vorarlberg der Klos die Geschenke. Manchmal soll der Klos die Kinder aber auch erst am Weihnachtstag beschenkt haben. Noch bis nach dem Ersten Weltkrieg gab es in Vorarlberg eine Arbeitsteilung zwischen dem Klos und dem Christkind: In den Reliktgebieten Bregenzerwald, Walsertäler und Montafon war der Klos für die Beschenkung zuständig, während im modernen, industrialisierten Talgebiet entlang des Rheins bereits das Christkind die Geschenke brachte. Der uns heute so vertraute Weihnachtsabend mit Christbaum und Christkind ging in Vorarlberg in der zweiten Hälfte des 19. Jahrhunderts von den »besseren«, bürgerlichen Familien in den Städten aus. Im Lauf der Jahrzehnte hat dann die übrige Bevölkerung Vorarlbergs die bürgerliche Form der Weihnachtsfeier übernommen. Eine Besonderheit kann dabei aus dem Großen Walsertal berichtet werden: Dort besuchte zwar der Klos am 6. Dezember die Kinder, die Geschenke brachte er ihnen aber erst am Weihnachtsabend. Im Brandnertal soll dagegen der Besuch des Klos an kein bestimmtes Datum gebunden gewesen sein, sondern er besuchte wahllos vor Weihnachten die Häuser, manche sogar mehrmals.

Bis ins 20. Jahrhundert waren die Geschenke recht bescheiden: Schulsachen, selbst gebasteltes Spielzeug, Zwetschken, Nüsse und Lebkuchen erfreuten die Kinder, denen der Begriff Konsumrausch glücklicherweise noch nicht bekannt war. Besonders im Vorarlberger Oberland legten die Kinder das Klosaholz, in das sie ihre gebeteten Rosenkränze und Vaterunser einkerbten, schon einige Tage zuvor mit einem Wunschzettel auf das Fensterbrett. Der Klos legte seine Gaben auf das Brett oder betrat selbst die Stube, wo die Kinder mit klopfenden Herzen warteten. Der Besuch des Klos war für die Kinder im Gegensatz zu heute ein sehr religiöses Erlebnis. Der Nikolaus kam in der Regel nicht allein zu den Kindern. Eher selten war es Brauch, dass ein Engel ihn begleitete. Oftmals war es aber ein etwas unfreundlicher Geselle, Knecht Ruprecht, der den Kindern Angst einjagte. Sein Verhalten – oftmals traten Halbwüchsige als Krampusse in Gruppen auf – führte zu Auswüchsen und Verboten. Im Brandnertal wusste man sich zu wehren: Es soll vorgekommen sein, dass Nikolaus und Krampus des Hauses verwiesen wurden, wenn sie es gar zu arg trieben. Aber auch der Nikolaus mit seiner Begleitung konnte sich nicht immer in Sicherheit wiegen: »Klös fuxa« nannten Halbwüchsige aus Hohenems ihre Neckereien, die sie gegen Nikolaus und seine Begleitung richteten.

Jedenfalls im Großen Walsertal und in Sulzberg im Bregenzerwald brachte der Klos aber nicht nur Äpfel und Nüsse, sondern der Volksüberlieferung nach auch etwas, was überall sonst dem Storch zugeschrieben wird: die kleinen Kinder! Im Walsertal ging man sogar soweit mit der Behauptung, dass der Heilige der Mutter einen Sparz (Fußtritt) versetzt habe, weshalb sie einige Tage das Bett hüten müsse!

In Dornbirn gab es den Brauch, wonach um den Nikolaustag ein Klosobaum aufgestellt wurde, der mit seinem Schmuck den heutigen Christbäumen sehr ähnlich war. In Lustenau wurde früher das Klososchealla gepflegt: Zu Maria Opferung am 21. November liehen die Schulkinder sich Schellen aus: Mit der Rompl oder mit der Roßgröll umgehängt, liefen sie durch die Straßen, bis der Nikolaus ihr Läuten hörte.

Heute zeigt sich während der geschäftigen und hektischen Vorweihnachtszeit in den Einkaufszentren und Fußgängerzonen nicht immer der Nikolaus, sondern auch die amerikanische Form, der Santa Claus.

Lasst uns froh und munter sein
ALTES VOLKSLIED

*Lasst uns froh und munter sein
und uns recht von Herzen freu'n!
Lustig, lustig, traleralera!
Bald ist Niklausabend da,
bald ist Niklausabend da!*

*Dann stell' ich den Teller auf,
Niklaus legt gewiss was drauf.
Lustig, lustig, traleralera!
Bald ist Niklausabend da,
bald ist Niklausabend da!*

*Wenn ich schlaf', dann träume ich:
Jetzt bringt Niklaus was für mich.
Lustig, lustig, traleralera!
Bald ist Niklausabend da,
bald ist Niklausabend da!*

*Wenn ich aufgestanden bin,
lauf' ich schnell zum Teller hin.
Lustig, lustig, traleralera!
Bald ist Niklausabend da,
bald ist Niklausabend da!*

*Niklaus ist ein guter Mann,
dem man nicht genug danken kann.
Lustig, lustig, traleralera!
Bald ist Niklausabend da,
bald ist Niklausabend da!*

Im tief verschneiten Dalaas mit dem Roggelskopf.

Zimtsterne

Zutaten (für 60 Zimtsterne):

4	EIER
500 G	PUDERZUCKER
30 G	GEMAHLENER ZIMT
1 ½ EL	ZITRONENSAFT
550 G	FEIN GEMAHLENE MANDELN
	ZUCKER (OPTIONAL)

Zubereitung:
Die Eier trennen und das Eiweiß steif schlagen. Den Puderzucker langsam in das Eiweiß sieben, dabei schlagen, bis die Masse schön glänzt und steif ist. Fünf Esslöffel davon für die Glasur (zugedeckt) beiseite stellen. Dann Zimt, Zitronensaft und die Mandeln unter den restlichen Eischnee heben und die Masse zu einer Kugel formen. In Butterpapier oder Folie wickeln und eine Stunde kaltstellen. Den Teig dann ca. einen Zentimeter dick auf Zucker oder zwischen Backpapier ausrollen. Sterne ausstechen und auf ein gefettetes oder mit Backpapier ausgelegtes Backblech legen. Jeden Stern mit dem zurückbehaltenen Eiweiß bestreichen. Vor dem Backen möglichst nochmals kühlen. Dann im vorgeheizten Backofen bei 250 C ca. 5 bis 10 Minuten backen, bis der Teig leicht Farbe annimmt. Auf dem Blech abkühlen lassen.

Zubereitungszeit:
ca. 1,5 Stunden

Weihnachtsstimmung in Egg im Jahr 1967.

BAUERNREGELN

- Der Winterschnitt wird durchgeführt, nur nicht, wenn Stein und Bein gefriert.

- Wenn's nicht wintert, sommert's auch nicht.

- Dezember ohne Schnee tut erst im Märzen weh.

- Dezember kalt mit Schnee tut dem Ungeziefer weh.

- Dezember kalt mit Schnee – niemand sagt: »Oh weh«.

- Dezember warm – Gott erbarm!

Mit dem Pferdeschlitten durch das verschneite Klostertal, um 1920.

2.

Die Weihnachtszeit

DIE THOMASMÄRKTE

Die Thomasmärkte am Thomastag (21. Dezember) waren einst im Bodenseeraum sehr bekannt und zahlreich. Allerdings ist dieser Markttermin in der Zwischenzeit in Vergessenheit geraten. In Feldkirch hielt man noch lange an diesem althergebrachten Termin fest. Inzwischen wurde er auch dort auf den Barbaratag (4. Dezember) vorverlegt. Heute können rund um den Thomastag der Blosengel- und der Feldkircher Weihnachtsmarkt besucht werden.

Der Thomasmarkt in der Marktgasse war einer der drei Feldkircher Jahrmärkte und eine Art Volksfest. Im Jahr 1859 stand im »Feldkircher Anzeiger« folgende Werbung zu lesen:

»Indem der Gefertigte den verehrten Bewohnern von Feldkirch und Umgebung für das bisher bewährte Zutrauen dankt, empfiehlt er sich für den kommenden Thomimarkt mit einer großen Auswahl von allen Gattungen Schusterarbeiten: Litzen-, Filz-, Gummi- und Lederschuhe für Damen und Kinder, dann Leder- und Filzsohlen etc. Die Bude befindet sich vis à vis der Handlung Vallaster in der Marktgasse zu Feldkirch. Wunibald Deschler, Schustermeister in Bregenz.«

Der Weihnachtsmarkt in der Bregenzer Rathausstraße.

Der Barbaratag

Am 4. Dezember wird der heiligen Barbara gedacht. Der Legende nach ließ ihr Vater sie foltern und töten, da sie zum Christentum übertrat. Aber trotz der Todesgefahr und der Qualen, denen sie ausgesetzt war, blieb sie ihrem Glauben treu. Sie zählt zu den vierzehn Nothelfern und wird daher gegen Gewitter, Feuergefahr, Fieber, Pest und allgemein gegen plötzlichen und unvorhersehbaren Tod angerufen. Bei einer Reihe von Berufen, wie den Bergmännern, Geologen, Glockengießern, Schmieden, Maurern, Steinmetzen, Zimmermännern, Dachdeckern, Elektrikern, Architekten und auch Totengräbern, um nur einige zu nennen, wird sie als Schutzpatronin angerufen. In Bergwerken, Tunnels und Stollen wird der Barbara-Statue ein Ehrenplatz eingeräumt.

Die Mineure und Tunnelarbeiter verehren ihre Schutzpatronin am Barbaratag mit einer heiligen Messe. Gerade der Bau von Kraftwerken mit langen Stollen und den großen Kavernen sowie die Errichtung von Straßentunnels haben im 20. Jahrhundert dem Brauch der Verehrung der hl. Barbara in Vorarlberg neuen Auftrieb gegeben. Die Arbeiter im Steinbruch in Hohenems gedenken an diesem Tag ihrer verunglückten und verstorbenen Mitarbeiter.

Die Bevölkerung begeht den Barbaratag auf folgende Weise: An diesem Tag werden Zweige von einem Obstbaum (meist von einem Kirsch- oder Apfelbaum oder von einer Forsythie) abgeschnitten und ins Wasser gestellt. Die Barbarazweige sollen bis zum Heiligen Abend mit ihren Blüten in der kalten und düsteren Winterzeit ein wenig Licht in den Häusern verbreiten. Die Bauernregel vermeldet:

»Knospen an St. Barbara, sind zum Christfest Blüten da.«

Die heilstiftende Wirkung der Barbarazweige geht auf eine Legende zurück: Auf dem Weg in das Gefängnis blieb die hl. Barbara mit ihrem Gewand an einem Zweig hängen. Sie stellte daraufhin den abgebrochenen Zweig in ein Gefäß mit Wasser. Der Zweig blühte genau an dem Tag, an dem sie zum Tode verurteilt wurde. Das Blühen der Barbarazweige soll Glück im kommenden Jahr bedeuten. Schließlich suchten auch unverheiratete Frauen Rat bei den Zweigen: Sie gaben jedem einzelnen Zweig den Namen eines Verehrers. Der Zweig, der zuerst blühte, sollte dabei auf den zukünftigen Bräutigam hinweisen.

Das St. Peter Pfärrle
nach Anna Linder-Knecht

Um 1900 bestand durch lange Jahre hindurch ein Brauch, den der im Volk als heiligmäßig verehrte Pfarrer Gau, das St. Peter Pfärrle in Rankweil, eingeführt hatte, der aber nach dessen Tode (1913) wieder erlosch. Pfarrer Gau sammelte an einem der nachfestlichen Tage eine Schar Kinder um sich und zog mit ihnen in verschiedene Häuser, in denen Krippen aufgestellt waren. Vor jeder derselben sprach er zu den Kindern einige herzliche Worte und stimmte dann mit seinem weichen Tenor eines der alten Weihnachtslieder an, in das die Kinder freudig einfielen. In manchen Häusern wurde das Pfärrle mit seiner Schar Jahr für Jahr erwartet.

»Ein Weihnachten aus meinem Leben«
Schulaufsatz aus dem Jahre 1908
Georg Vallaster

Am 21. Dezember nahmen die Ferien ihren Anfang. Unter äußerer und innerer Freude verließen wir um elf Uhr mittags die Schwelle unserer Klasse und jeder ging seiner Heimat entgegen. Zuhause angelangt, geriet die Schule wenigstens für ein paar Tage in Vergessenheit. Zu unserem Erstaunen gab es aber, wie es schon lange nicht mehr der Fall war, ein grünes Weihnachten. Hiemit waren die Luftschlösser, die wir uns aus dem verspäteten Schnee gebaut hatten, zunichte gemacht und wir mussten uns um eine andere Unterhaltung umsehen. Letztere brachte die zu unserem Glücke herrschende Kälte. Durch sie fror der ziemlich große Weiher in Levis zu und in ein paar Tagen fanden wir auf dem Eise unsern Zeitvertreib.

Wir wollen nun die Hauptsache der Ferien, das Christfest, betrachten. Dasselbe wurde bei uns vieler Arbeit wegen erst am Christtage um sechs Uhr abends gefeiert. Die Bescherung fiel wie in allen anderen Jahren reichlich aus. Unter anderem habe ich ein lehrreiches Buch »Eine Reise um die Welt« bekommen, was für einen künftigen Handelsmann sehr nützlich ist. Es wurden auch Verwandte eingeladen, mit denen man sich sehr gut unterhielt.

Unser Wetter machte sich indes etwas besser und der Winter hielt seinen Einzug. Das Erste war der Griff nach unsern Rodeln. Wie gewöhnlich, so hat es und wird es auch heuer wieder viele Löcher und Beulen geben, denn kommt der Schnee spät, so lässt man dann der Wut die Zügel schießen.

Die Zeit ging schneller, als man glaubte und das neue Jahr kam mit den Sieben-Meilen-Stiefeln daher. Dasselbe wird fast aller Orten mit dem Silvester ab- und eingeleitet. Dieser wurde sehr heiter zugebracht und unter den Klängen der Musik, unter dem Klingen der Punschgläser und unter dem Gesange der aufgeheiterten Menschen wurde der Schlag zwölf Uhr erwartet. In gespannter Erwartung

Winterstimmung in Gortipohl im Montafon.

standen wir am offenen Fenster, um mit den Tönen der großen Glocke den Ruf »A guats neus Johr« in die geweihten Lüfte zu senden, als plötzlich der erste Glockenschlag ertönte und wir mit fünf kräftigen Schüssen das neue Jahr begrüßten. Hierauf sangen wir das Lied »Gott erhalte« und ließen seine Majestät, den Kaiser, hochleben. Am Tage der Beschneidung des Herrn ging man mit fröhlichen Herzen zu seinen Freunden und Bekannten, um ihnen viel Glück und Segen im neuen Jahre zu wünschen.

»Ufstoh, s'Christkindli ist cho!«
Weihnachten bei den Walsern
Alfons Köberle

Bereits in der Vorwoche bringen die Hausschlachtung, der Birazelta im Ofen und der große Hausputz alle in eine erwartungsfrohe Stimmung. Obwohl schon die meisten Geschenke wohlverwahrt bereit liegen, versäumen es die Großwalsertaler auch heute noch nicht, den Weihnachtsmarkt in Bludenz zu besuchen, um »das Christkindle z'störa«. Am Heiligen Abend werden die Kinder schon früh ins Bett geschickt, damit genügend Zeit bleibt für die Schmückung des Christbaumes, das Herrichten des Gabentisches und des Nachtmahls. So um zehn Uhr wird die Kinderschar geweckt: »Ufstoh, s'Christkindle ist cho!« Niemand überhört heute den Weckruf und alles stürmt aus den Schlafkammern in die hellerleuchtete Stube. Selbstgemachte Holz- und Stoffpuppen, selbstgeschnitzte Holzkühe in einem kleinen Stall, vielleicht ein Reitschlitten waren die Überraschung.

Beim strahlenden Christbaum und knisternden Wunderkerzen wird »Stille Nacht« gesungen. Vereinzelt entzündet man für die fern der Heimat lebenden oder im letzten Jahr verstorbenen Familienangehörigen eine eigene Kerze. Und da und dort hat sich auch eingebürgert, auf dem Familiengrab auf einem kleinen Tannenbäumchen ein Kerzlein zum Gedenken anzuzünden.

Nach dem üppigen Mahl, wobei auch meist der erste Laib Birazelta angeschnitten wird, wandert alles, was gehen kann, zur heiligen Christmette. Nur der Stallbub blieb früher zuhause, um jedem einzelnen Stück Vieh während des Glorialäutens das für den Heiligen Abend bereitgestellte Heu ins Maul zu geben. Damit sollte es vor Rauschbrand bewahrt bleiben.

Birabrot
nach Anna Linder-Knecht

Zu Weihnachten darf auch das Birabrot in den Familien nicht fehlen. Für Nicht-Vorarlberger muss wohl erklärt werden, was Birabrot ist. In einen Brotteig kommt jeweils die gleiche Menge von gekochten, feingehackten Dörrbirnen mit Gewürzen, Rosinen, Feigen, Nüssen und Anis und ein Gläschen Schnaps. Alles wird gut vermengt. Wenn der Teig nochmals aufgegangen ist, wird er in Wecken geformt, in dünne Teigblätter gepackt und im Ofen gebacken.

Nach altem Brauch soll es nicht vor dem Fest angeschnitten werden. Mit einem Schnäpsle wird es dann den Feiertagsbesuchern angeboten.

Feldkirch in weihnachtlichem Glanz im Jahr 1964.

BAUERNREGELN UND SINNSPRÜCHE

- An Barbara die Sonne weicht (4. Dezember), an Lucia (13. Dezember) sie sich wieder zeigt.

- Ist's in der Heiligen Nacht hell und klar, so gibt's ein segensreiches Jahr.

- Vor Weihnacht viel Wasser, nach Johanni kein Brot.

- Viel Wind in den Weihnachtstagen, reichlich Obst die Bäume tragen.

- Am Abend vor Weihnachten muss jede Stube rein gewaschen sein. (aus dem Bregenzerwald)

Früchtebrot

Zutaten (für ca. 12 Striezel à 400 Gramm):

500 G	WEIZENMEHL
500 G	ROGGENMEHL
60 G	HEFE
0,5 L	DÖRROBSTSUD
	GEWÜRZMISCHUNG:
12 G	FENCHELSAMEN
25 G	ANIS
25 G	LEBKUCHENGEWÜRZ
12 G	NELKENPULVER
2,5 G	ZITRONENABRIEB VON BIOZITRONE
18 G	SALZ
1 MESSERSP.	INGWER

Früchtemischung:

550 G	DATTELN, GESCHÄLT UND ENTKERNT
625 G	GETROCKNETE FEIGEN
625 G	DÖRRBIRNEN
375 G	GROB GEMAHLENE HASELNÜSSE
750 G	GETROCKNETE MARILLEN
250 G	KANDIERTE ANANAS
125 G	ORANGEATWÜRFEL
125 G	ZITRONATWÜRFEL

Zubereitung:
Hefeteig mit Dampfl ansetzen, Gewürze beigeben und zu einem glatten Teig kneten. An einem warmen Ort aufgehen lassen. Vorgeschnittene Früchte eventuell von Hand unterkneten. Teig in Stücke zu je 400 Gramm auswiegen. Striezel formen und nach Belieben mit Walnüssen, Mandeln und kandierten Kirschen garnieren.

Backzeit:
ca. 40 min, Oberhitze: ca. 190° C, Unterhitze: ca. 170° C

Nikolaus und Engel in Schruns um 1920.

WIE IN VORARLBERG WEIHNACHTEN GEFEIERT WIRD

Stellt nicht Weihnachten, das Fest der Familie, für die Bevölkerung den Höhepunkt im christlichen Jahresfestlauf dar? Die Kinder können die Bescherung am Heiligen Abend kaum erwarten, während die Erwachsenen zur Vorbereitung des Festes noch alle Hände voll zu tun haben. Der Heilige Abend mit dem Christbaum, dessen Kerzen die Stube in ein mildes Licht tauchen, die Krippe, die Geschenke und der Besuch der Mette verleihen dem Abend des 24. Dezember ein einzigartiges Gepräge. Oft vermitteln das Singen und Musizieren von Weihnachtsliedern sowie das Vorlesen des Weihnachtsevangeliums unvergessliche Kindheitserinnerungen. Und wenn dann noch die Schneeflocken durch die Luft wirbeln, während in der Stube der Kachelofen wohlige Wärme verbreitet, so herrscht wahrlich Weihnachtsfrieden.

Aber auch Weihnachten, so vertraut und althergebracht uns der Heilige Abend mit der Bescherung sein mag, unterlag und unterliegt dem Wandel. Gerade vor rund hundert Jahren vollzogen sich in Vorarlberg grundlegende Änderungen bei der weihnachtlichen Festkultur, was in den Fragen gipfelte: Wer bringt denn die Geschenke – der Klos oder das Christkind? Gibt es einen Christbaum? Damals war für die Kinder vom Land noch der Klos zuständig, der sie am Klosotag (oder auch um Weihnachten) mit wenigen, bescheidenen Geschenken erfreute. Beim gehobenen Bürgertum in den Städten erfolgte die Verteilung der Geschenke am Heiligen Abend. Der Christbaum galt damals als moderne, städtische und bürgerliche Errungenschaft und war den städtischen und industrialisierten Gebieten Vorarlbergs vorbehalten. Die heute traditionelle Bescherung im Familienkreis setzte sich zum Beispiel im Bregenzerwald erst um 1930 durch. Wie typisch und unverzichtbar sind für uns inzwischen die Symbole des Weihnachtsfestes: Der Besuch der Mette, der Christbaum, die Krippe und die Bescherung mit der Verteilung der Geschenke.

Im Montafon erzählte man den Kindern, dass der Klos am Heiligen Abend mit einem Knecht und einem Esel unterwegs sei. Für den Esel legte man daher auch ein Wisch Heu vor die Türe, das am Morgen aber sogleich den Kühen gegeben wurde, da es in der Heiligen Nacht einen Segen erhalten hatte. Das Bereitstellen von Futter für den Esel war früher in Vorarlberg sehr verbreitet, wird aber heute nicht mehr gepflegt. Nicht nur im Montafon galt die Anschauung, dass Haustiere in der Christnacht reden konnten. Weite Verbreitung fand auch der Glaube, dass die im nächsten Jahr Sterbenden in der Kirche als Geist zum Opfergang gehen würden.

Galt Weihnachten vor allem als das Fest der Familie, so wurden im Lauf der Zeit aber auch weitere Traditionen gepflegt. Aus Bludenz wird berichtet, dass im 17. Jahrhundert zu Weihnachten (wie auch während der Karwoche) theatralische Darstellungen aus der biblischen Geschichte, wie die Anbetung der Hirten und der Besuch der Heiligen Drei Könige dargeboten wurden. Wie Alfons Leuprecht 1918 berichtete, sollen in der Christnacht selbst junge Leute, als Hirten verkleidet, in Bludenz herumgezogen sein. Sie sangen zwischen sechs und neun Uhr abends vor jenen Häusern, aus denen sie ein Geschenk erhofften, Hirten-, aber auch Kriegslieder! Wenn man damals nichts schenken wollte, klopfte man in den Häusern gleich am Fenster zum Zeichen, dass die Sänger nichts erhalten würden und weitergehen sollten. Jene, die spenden wollten, wickelten ein Stück Geld in ein langes Papier, zündeten es an und warfen dieses rauchende Geschoss aus dem Fenster hinaus. Die Obrigkeit, der ehrsame Rat, verbot diesen Brauch aber später wegen Feuergefahr. Mussten die Sänger zu lange auf das Geldgeschenk warten, so riefen sie von der Straße bald ungeduldig: »Wenn iar üs ge wend, so gend üs bal, denn auf dr Gaß isch as kalt!« In manche Häuser wurden sie eingelassen und mit Schnaps und Birnbrot bewirtet. Aus Dornbirn berichtete dagegen Josef Hämmerle im Jahr 1926 von einem Brauch, der gar nicht so in das Bild des friedlichen Familienfestes passte: »Besonders die größere Jugend unterhält sich bei Sang und Schmausereien bis Mitternacht, um dann in die Christmette zu gehen.« Ein ähnliches Beispiel über das Verhältnis von Tanz und Christmette wurde dem Verfasser zu Beginn der 1980er-Jahre aus Vandans berichtet: Dort verabschiedete sich der Discjockey der örtlichen Diskothek nach Mitternacht mit den Worten: »Und nächsten Samstag geht's hier wieder weiter – gleich nach der Mette!«

Der Bludenzer Lehrer und Stadtarchivar Alfons Leuprecht führte 1918 über magische Vorstellungen am Heiligen Abend Folgendes aus: »An die Christnacht knüpft sich der Aberglaube, welcher mit der Sonnenwende verbunden ist. In dieser geheimnisvollen Nacht beginnt mit der Volksmeinung mit Mitternacht neues Leben in der Natur: Den Quellen entströmt Wein, die Bäume blühen, die Früchte reifen, die Tiere sprechen miteinander, die Toten wachen auf, verborgene Schätze kommen zum Vorschein, die Zukunft enthüllt sich den Forschenden und in der Zeit von Weihnachten bis Dreikönig wird für jeden Monat des künftigen Jahres das Wetter bestimmt, deshalb heißen diese Tage Lostage.« Um das Wetter vorherzusagen, vertrauten manche den Pflanzen: Wenn man in der Heiligen Nacht ein Maiskorn in einen Blumentopf steckte, so entwickelte sich das Wetter in den nächsten zwölf Monaten in der Art, wie der junge Samen gedieh: »Neigt sich das Pflänzchen, gibt es Luft, bekommt es fünf Blättchen, gibt es ein fruchtbares Jahr.« Auch die Zwiebel konnte bei der Wettervorhersage gute Dienste leisten. »Es wird am Heiligen Abend eine Zwiebel in zwölf Teile geschnitten und Salz darauf gestreut. Die Schnitten, die dann nässen, prophezeien einen feuchten Monat«, wusste Josef Hämmerle 1926 aus Dornbirn zu berichten.

In manchen Gemeinden künden Turmbläser mit weihnachtlichen Weisen die Weihnachtsmette an, manchmal geben sie ihre Stücke erst nach dem Gottesdienst zum Besten. In der Zeit des Josephinismus musste die Mette auf den Morgen des Stephanstages verlegt werden. Aber auch als Vorarlberg unter bayrischer Verwaltung stand (1806–1814) und zur Diözese Konstanz gehörte, blieb diese Änderung bestehen. Erst als Vorarlberg im Jahr 1818 in den Wirkungsbereich der Diözese Brixen gelangte, überließ man es den Pfarrherrn, zur alten Ordnung zurückzukehren.

DER CHRISTBAUM

Wie der Adventkranz stellt auch der Christbaum ein relativ junges Brauchtumselement dar. Mit dem Adventkranz hat er zudem seine rasche Verbreitung und hohe Beliebtheit gemein. Heute ist der Christbaum am Heiligen Abend nicht mehr wegzudenken. Zusammen mit der Krippe stellt er das Symbol für Weihnachten dar. Der Brauch des Schmückens einer Tanne nahm seinen Ausgang in den protestantischen Gegenden Norddeutschlands. Niemand geringerer als Friedrich Schiller ließ sich 1785 von seiner Braut einen aufgeputzten Baum aufstellen. Aber bereits zuvor, 1774, setzte Johann Goethe dem Weihnachtsbaum in seinem bekannten Werk »Die Leiden des jungen Werther« ein bleibendes Denkmal.

Im Lauf des frühen 19. Jahrhunderts fand er Eingang in adelige und großbürgerliche Wiener Haushalte. Von dort verbreitete er sich in bürgerlichen Kreisen im restlichen Österreich. In der Mitte des 19. Jahrhunderts etablierte sich das Schmücken des Baumes in den wohlhabenden Familien der Vorarlberger Städte. Das Bürgertum, wie Beamte und Lehrer, aber auch Priester in den größeren Orten Vorarlbergs übernahmen diesen Brauch gerne. So hieß es 1889 im »Rankweiler Gemeindeblatt«, dass die bei der Gemeinde bestellten Christbäume beim Armenhaus abgeholt werden konnten. Seine Ausbreitung in den Vorarlberger Tälern fand der Baum erst zu Beginn des 20. Jahrhunderts. Ein Beispiel, auf welche Weise diese mittlerweile fest verankerte Tradition in das Dorfleben aufgenommen wurde, kann aus Sankt Anton am Arlberg berichtet werden: Dort wurde das Schmücken des Baumes um 1880 von Ingenieuren, die beim Bau des Eisenbahntunnels beschäftigt waren, eingeführt. Aber noch im Jahr 1918 wurde aus dem großen Walsertal berichtet: »Christbäume gab es noch nie.«

Heute darf der geschmückte Baum – oder wenigstens ein Weihnachtsgesteck – in keiner Familie, die Weihnachten feiert, fehlen. Ein Weihnachtsfest ohne Baum, dessen Kerzen die Stube am Weihnachtsabend in ein besonderes, warmes Licht tauchen, ist heute nicht mehr vorstellbar.

Weihnachtsbäume lässt man in der Regel bis zum 6. Jänner in den Stuben stehen. In den Kirchen behält man sie bis zum Ende der Weihnachtszeit an Mariä Lichtmess am 2. Februar.

Weihnachtslied
Otto Julius Bierbaum

Maria lag in großer Not,
mit Lumpen angetan,
in einem Stall zu Bethlehem
und sah die Stunde nah'n,
da sie ein Kindlein haben sollt'.
Der Himmel stand in lauter Gold.

Da hub ein Singen an:
»Süße Maria, sei getrost,
dass um dich ist kein Stall.
Blick um dich, allerhold'ste Frau,
und sieh die Gäste all,
die von weither gekommen sind,
dich zu begrüßen und dein Kind
mit Flöt- und Geigenschall.«

Und wie Marie ihr Haupt erhob,
o Wunder, was sie sah:
Es knieten auf der schlechten Streu
drei goldne Könige da,
und, wie wenn's ihr Gefolge war,
ein Heer von Engeln stand umher
und sang Hallelujah.

Es war ein Licht und war ein Glanz,
wie sie es nie geseh'n,
und vor den Tür'n und Fenstern war
ein Auf- und Niedergeh'n,
als ging die ganze Welt vorbei.
Da hört sie einen leisen Schrei:
da war das Glück gescheh'n.

*Maria strahlte wie ein Stern
und hob das Kind empor.
Das war so hold und engelschön,
wie nie ein Kind zuvor.*

*Die Wände sanken und die Welt,
die weite Welt war rings erhellt,
und alles sang im Chor:
»O seht die Blume, die da blüht,
die Blume weiß und rot!
Der Kelch ist von der Lilie,
ein Herz darinnen loht.
Nun ist die ganze Erde licht,
wir fürchten Schmerz und Trauern nicht
und fürchten nicht den Tod.*

*Die Blüte leuchtet uns den Tag,
und es versank die Nacht,
und aus der Blüte wird die Frucht,
die alle fröhlich macht.
Die Frucht, die allen Nahrung gibt,
der Mensch, der alle Menschen liebt:
Die Liebe ist erwacht.«*

*Der Chor verklang. Es sank der Stall
in braune Dunkelheit.
Maria gab dem Kind die Brust.
still ward es weit und breit.
Da ward Marien im Herzen bang,
sie küsst' ihr liebes Kindlein lang,
ihr tat ihr Kindlein leid.*

Der Christbaum der Familie Jakob Maklott in Schruns um 1920.

Die Weihnachtskrippe

Ist eine festlich geschmückte Stube zu den Festtagen ohne Weihnachtskrippe eigentlich denkbar? Aber auch in keinem Gotteshaus, und handelte es sich nur um eine kleine Kapelle für einen Ortsteil oder Weiler, darf die figürliche Darstellung der Geburt Christi fehlen.

Wenn man über das Krippenbrauchtum in Vorarlberg spricht, so muss sogleich darauf hingewiesen werden, dass die Krippe hier nicht jene zentrale Bedeutung einnehmen konnte wie in den klassischen Krippenländern, wie der Volkskundler Klaus Beitl sie nannte: Tirol, Salzburg, Oberösterreich, Bayern und Schwaben. Als Folge geht die vergleichsweise geringe Zahl an Krippen- und Weihnachtsliedern im Land vor dem Arlberg im Vergleich zu den obengenannten Ländern einher. Wohl war es nicht nur die Eigenart des alemannischen Volkscharakters, der weniger figürliche Szenen von der Geburt Christi hervorbrachte, sondern vor allem die ursprüngliche Zugehörigkeit des Gebietes des heutigen Vorarlberg zu den beiden Diözesen Chur und Konstanz, was zu Unterschieden in der damaligen kirchlichen Kunst führte.

Auf die ältesten Darstellungen der Geburt Christi trifft man im Lande daher nicht in den Bürger- und Bauernstuben, sondern in den Kirchen. Auf kirchlichen Tafelbildern und gotischen Wandmalereien finden sich Bilderzyklen mit Weihnachtsszenen, wie zum Beispiel in der Kirche von Damüls, zum Zwecke der Unterweisung des Volkes. Weniger zahlreich, aber ebenso eindrucksvoll sind gotische Altäre mit Figurengruppen, die plastisch das Weihnachtsevangelium wiedergeben und somit bereits an Krippen erinnern. Das Kirchlein in Frommengärsch bei Schlins besitzt eine wertvolle Weihnachtsplastik aus dem Jahr 1481. Der Feldkircher Bildhauer Erasmus Kern fertigte 1624 die erste Figurengruppe in Vorarlberg, die nicht wie ein Altar ständig, sondern nur zu den Weihnachtsfeiertagen zur Schau gestellt wurde, an. Die fünf Plastiken der Anbetungsszene wurden erst in der zweiten Hälfte des 20. Jahrhunderts in der Expositurkirche in Meschach im Laternsertal wiederentdeckt. Die Inschrift auf einer Plastik verrät, dass Feldkircher Bürger in der Barockzeit – im Zeitalter der Gegenreformation und der ihr folgenden Erneuerung – die Figuren der Feldkircher Pfarrkirche gestiftet hatten. Prachtvolle Barockausstattungen in den Kirchen förderten die Verbreitung der Weihnachtskrippe, aber, wie oben bereits erwähnt, blieb sie auf die Kirchen und Klöster beschränkt und fand nicht Eingang in die Bauern- und Bürgerstuben. Das 1782 von Kaiser Josef II. erlassene Verbot des öffentlichen Aufstellens von Weihnachtskrippen dürfte der weiteren Verbreitung ebenfalls entgegengestanden sein. In der Mitte des 19. Jahrhunderts stand es um den Krippenbrauch in Vorarlberg offenbar schlecht, wie der Bregenzer Mundartdichter Kaspar Hagen berichtete: »Leider hat sich dieser ehr- und lobsame, ehedessen so hochgehaltene Brauch des Krippenaufstellens wie noch so manch uralte, ehrwürdige, von unseren Altvordern übernommene Sitte an vielen Orten nach und nach verloren, und der junge Anflug und Anwuchs weiß noch von dieser einzigen Erinnerung blutwenig mehr zu erzählen.«

Gegen Ende des 19. Jahrhunderts setzte in Vorarlberg ein Aufschwung im Krippenwesen ein: Der Klerus, der in Brixen seine Ausbildung erhielt, brachte Tiroler Schnitzkunst, vor allem aus dem Grödnertal, ins Land, wodurch natürlich die älteren Krippen Vorarlberger Herkunft verdrängt wurden.

Die damals modernen Krippen, die nach und nach auch in den Wohnhäusern Eingang fanden, trafen aber bald auf Konkurrenz: Um 1900 breitete sich der Christbaum von den Bürgerstuben in die Bauernhäuser aus, was die Kirche kritisch verfolgte. Wie sollte mit dieser Situation, althergebrachter Krippenbrauch versus neuen bürgerlichen Christbaum, umgegangen werden? In einem Bericht aus dem Bregenzerwald, den Klaus Beitl 1966 zitierte, wird der Konflikt nachvollziehbar: »Es war ungefähr um 1900, da wurde in der Gemeinde Schoppernau der erste ›Christbaum‹ aufgestellt. Die Folge war ein großes Gerede darüber, wie man sich zur neuen Sitte stellen sollte. Es gab solche, die zunächst zwischen Krippe und

Christbaum einen Gegensatz empfanden und daher die Krippe nur in der Weise schützen zu können glaubten, dass sie gegen die Einführung des Christbaumes sprachen. Es dauerte jedoch gar nicht lange, bis man die Verbindung von Christbaum und Krippe fand.«

Diese pragmatische Lösung hat offenbar den Geschmack des Volkes getroffen. Heute stellen Baum und Krippe eine harmonische Einheit in der Kirche und in der Stube dar.

Inzwischen haben die Krippen, diesmal lebensgroß und bereits in der Adventszeit aufgestellt, ein neues Verbreitungsgebiet gefunden: Mit ihren lebendigen Schafen, Eseln und Ponys laden sie Kinder und Erwachsene an den Weihnachtsmärkten zum Verweilen und Innehalten ein.

Frohe Weihnachten und ein glückliches Neujahr!

Die Bregenzer Rathausstraße erstrahlt im Weihnachtsglanz.

Glühwein

Zutaten:

1	FLASCHE ROTWEIN
500 ML	ZITRONENSAFT
1 BIS 6	GEWÜRZNELKEN
1	ZIMTSTANGE
1	ZITRONE
	ZUCKER

Zubereitung:
Rotwein, Zitronensaft, Gewürznelken und die Zimtstange in einen Topf geben und bis kurz vor den Siedepunkt erhitzen, dann durch ein Sieb in angewärmte Gläser füllen. Die Zitrone in dünne Scheiben schneiden, einschneiden und an jeden Glasrand stecken. Der Zucker steht in einer hübschen Zuckerdose auf dem Tisch und jeder kann sich nach seinem Geschmack bedienen.

Zubereitungszeit:
ca. 15 Minuten

Bauernregeln

- Regnet's am Sonntag vor der Mette, so gießt's die Woche um die Wette.

- Wie die Witterung zu Adam und Eva, pflegt sie bis Ende des Monats zu sein.

- Finst're Metten, lichte Scheune, helle Metten, dunkle Scheune.

- Wenn die Christnacht hell und klar, folgt ein höchst gesegnet Jahr.

- Wenn in der Christnacht die Weine in den Fässern gären, so soll ein gutes Weinjahr folgen.

- Wenn's von Weihnachten bis Heilige Drei Könige dunkel ist, soll ein ungesundes Jahr folgen.

- Wenn es grün ist auf Weihnachten, wir die Ostern weiß betrachten.

- Schneyt as vor Wihnat übro Rhin – so ist der Winter g'sin.

- Weihnachten im Klee, Ostern im Schnee.

- Weihnachten klar, gutes Weinjahr.

- Grüne Weihnachten, weiße Ostern, weiße Weihnachten, grüne Ostern.

- Ist es windig an den Weihnachtstagen, so sollen die Bäume viel' Früchte tragen.

- Hängt zu Weihnachten Eis an den Weiden, kannst' zu Ostern Palmen schneiden.

- Wenn's um Weihnachten ist feucht und nass, so gibt's leere Speicher und leere Fass.

- Nässe schadet der Saat mehr vor als nach Weihnachten.

- Helle Christnacht bringe ein gutes Jahr.

- Dezember kalt mit Schnee – gibt Frucht auf jeder Höh', Dezember warm – dass Gott erbarm.

- Regnet's an St. Nikolaus, wird der Winter streng und kraus.

- Guter Dezemberschnee – bringt's Korn in d'Höh'.

*Der Christbaum von Alberschwende im Bregenzerwald
im Jahr 1965.*

Das Licht der Heiligen Nacht
Vinzenz Grossheutschi

Im Dunkeln liegt die weite Flur.
Die Hütten träumen nachtumflossen.
Gespenster wandeln hin und her
und suchen scheu nach Weggenossen.

Die Sterne weisen Mitternacht,
da horch! ein wunderliebes Singen
in jenem Stall am Felsenhang,
und engelreines Harfenklingen.

Und helle wird es, strahlend hell!
Vom Himmel ist das Licht gekommen,
vom ew'gen Vater ausgesandt
und hat den Weg zur Welt genommen.

Das Licht kehrt ein beim Felsenstall.
O Menschenherz, welch sel'ge Wonne!
Da liegt im Kripplein Gottessohn
und leuchtet wie die hellste Sonne!

Am Himmel zieht der Sterne Heer,
doch keiner weiß, wie es gekommen,
dass schon die Sonne in der Nacht
in hellem Leuchten ist entglommen.

O Licht der heil'gen Wundernacht!
O Gottessohn im armen Stalle!
Der Himmel jauchzt, die Erde lacht
in selig-frohem Jubelschalle …

Frohe Weihnachten und ein gutes neues Jahr

Katzenturm und Schattenburg im Winterkleid, Feldkirch 1968.

Süßer die Glocken nie klingen
FRIEDRICH WILHELM KRITZINGER

*Süßer die Glocken nie klingen
als zu der Weihnachtszeit:
's ist, als ob Engelein singen
wieder von Frieden und Freud'.
Wie sie gesungen in seliger Nacht,
Glocken, mit heiligem Klang
klingt doch die Erde entlang!*

*O, wenn die Glocken erklingen,
schnell sie das Christkindlein hört.
Tut sich vom Himmel dann schwingen,
eilet hernieder zur Erd'.
Segnet den Vater, die Mutter, das Kind,
Glocken mit heiligem Klang,
Klingt doch die Erde entlang!*

Weihnachtsstimmung in der Bregenzer Rathausstraße im Jahr 1965.

Christkindli-Lied
NACH MÜNDLICHER ÜBERLIEFERUNG AUS LUSTENAU

Christkindli geboro zu Betlahem,
as fröüt si ganz Jerusalem.
Döüt vonna knöüat a-n-alta Maa
und beätat das heilig Christkindli a.

Das heilig Christkindli ist der wahre Gott, der wahre Gott,
der Himmel und Erde erschaffo heät
und alle Tierli bekleidet, bekleidet.

I hör a Trögli klepfo,
i hett geärn Schnitz oder Öpfl
und wänn ma nix git,
ischt as a Spott und a Schand.

BAUERNREGELN

- Ist gar gelind der Heilige Christ, der Winter darob wütend ist.

- Wenn Christkind Regen weint, vier Wochen keine Sonne scheint.

- Ist es grün zur Weihnachtsfeier, fällt der Schnee auf Ostereier.

Die Pfarrkirche St. Sebastian in Dornbirn-Oberdorf in den 1950er-Jahren.

Weihnachtsgans

Zutaten (für 4 Portionen):

1	KÜCHENFERTIGE GANS (CA. 3 KG)
3	ÄPFEL
200 ML	ROTWEIN
100 G	WEISSBROT
2	ZWIEBELN
	BEIFUSS
	SALZ, ZUCKER UND ZITRONENSAFT
	PETERSILIE

Zubereitung:

Die Gans waschen und gut abtrocknen. Die Äpfel waschen und das Kerngehäuse so ausstechen, dass ein kleiner Boden stehen bleibt. In die Apfelöffnungen etwas Wein füllen und sie mit Weißbrotstückchen füllen. Die Gans innen und außen salzen, mit den Äpfeln, den geviertelten Zwiebeln und Beifuß füllen, zunähen. Keulen und Flügel am Rumpf festbinden.

Einen Bräter etwa einen Zentimeter hoch mit heißem Wasser füllen, etwas Salz hinzufügen, die Gans mit dem Rücken nach unten hineinlegen und den Bräter auf die untere Schiene in den auf 200°C vorgeheizten Backofen schieben. Während des Bratens ab und zu unterhalb der Flügel und Keulen in die Gans stechen, damit das Fett besser ausbraten kann.

Sobald der Bratensatz bräunt, wieder heißes Wasser in den Bräter gießen, um das verdampfte Wasser zu ersetzen. Die Temperatur nun auf ca. 150°C reduzieren. Die Gans ab und zu mit dem Bratensatz begießen und drehen, damit sie von allen Seiten schön braun wird.

Wenn die Gans gar ist (man rechnet etwa eine Stunde Garzeit pro Kilo), die Fäden lösen und die Füllung herausnehmen.

Die Füllung durch ein Sieb streichen. Den losgekochten Bratensatz und die gesiebte Füllung mit etwas Wasser auf der Kochstelle zu einer Sauce verrühren und sie mit Salz, Zucker und Zitronensaft abschmecken. Nun den Braten in Portionsstücke schneiden und mit Rotkraut und Knödeln servieren, mit Petersilie garnieren.

Zubereitungszeit:
ca. 3 bis 4 Stunden

Heil'ge Nacht, o gieße du
PORTUGIESISCHES WEIHNACHTSLIED

Heil'ge Nacht, o gieße du
Himmelsfrieden in dies Herz!
Bring dem armen Pilger Ruh,
holde Labung seinem Schmerz!
Hell schon erglüh'n die Sterne,
grüßen aus blauer Ferne:
Möchte zu euch so gerne
flieh'n himmelwärts!

Harfentöne, lind und süß,
weh'n mir zarte Lüfte her,
aus des Himmels Paradies,
aus der Liebe Wonnemeer.
Glüht nur, ihr gold'nen Sterne,
winkend aus blauer Ferne:
Möchte zu euch so gerne
flieh'n himmelwärts!

Nüss' und Äpfel
VOLKSMUND

Ei du lieber, heil'ger Christ,
komm nur nicht, wenn's dunkel ist,
komm im hellen Mondenschein,
wirf mir Nüss' und Äpfel rein!

Gloria in excelsis Deo et in terra pax.

Weihnachtstanne
Rainer Maria Rilke

*Es treibt der Wind im Winterwalde
die Flockenherde wie ein Hirt,
und manche Tanne ahnt, wie balde
sie fromm und lichterheilig wird
und lauscht hinaus, den weißen Wegen,
streckt sie die Zweige hin, bereit –
und weht dem Wind und wächst entgegen
der einen Nacht der Herrlichkeit.*

Der Christbaum auf dem Hohenemser Schlossplatz im Jahr 1968.

Vom Himmel hoch, da komm' ich her
Martin Luther

Vom Himmel hoch, da komm' ich her.
Ich bring euch gute neue Mär',
der guten Mär' bring ich so viel,
davon ich singen und sagen will.

Euch ist ein Kindlein heut gebor'n
von einer Jungfrau auserkor'n.
Das Kindlein so zart und fein,
das soll eur' Freud' und Wonne sein.

Es ist der Herr Christ, unser Gott,
der will euch führ'n aus aller Not.
Er will nur Heiland selber sein,
von allen Sünden machen rein.

Er bringt euch alle Seligkeit,
die Gott der Vater hat bereit,
dass ihr mit uns im Himmelreich
sollt leben nun und ewiglich.

Des lasst uns alle fröhlich sein
und mit den Hirten gehen hinein,
zu sehen, was Gott uns beschert,
mit seinem lieben Sohn verehrt.

Lob, Ehr sei Gott im Höchsten Thron,
der uns schenkt seinen ein'gen Sohn.
Des freuen sich der Engel Schar
und singen uns solch's neues Jahr.

Rumgrog

Zutaten (pro Glas):
2 TL ZUCKER
2 GLÄSCHEN RUM
KOCHEND HEISSES WASSER

Zubereitung:
Rum und Zucker in ein Teeglas geben und verrühren, bis der Zucker nicht mehr knirscht. Dann kommt das heiße Wasser dazu und fertig ist der Grog.

Weihnachtsgrüße aus Bregenz, 1964.

O du fröhliche, o du selige
JOHANNES DANIEL FALK

O du fröhliche, o du selige,
gnadenbringende Weihnachtszeit!
Welt ging verloren, Christ ward geboren:
Freue, freue dich, o Christenheit!

O du fröhliche, o du selige,
gnadenbringende Weihnachtszeit!
Christ ist erschienen, uns zu versühnen:
Freue, freue dich, o Christenheit!

O du fröhliche, o du selige,
gnadenbringende Weihnachtszeit!
Himmlische Heere jauchzen dir Ehre:
Freue, freue dich, o Christenheit!

Gewürzschokoladenmousse

Zutaten:

1	EI
1	EIGELB
30 G	VANILLEZUCKER
100 G	ZARTBITTERSCHOKOLADE
4 CL	ESPRESSO (ODER COGNAC)
350 G	OBERS

Zubereitung:
Ei, Eigelb und Vanillezucker schaumig rühren. Aufgelöste Schokolade (ca. 30° C) und Espresso unter die Eiermasse heben. Zuletzt nicht zu fest geschlagenen Obers unterziehen.

In Portionsgläser abfüllen, ca. vier Stunden kühlen.

Schneeflöckchen, Weißröckchen
VOLKSGUT

*Schneeflöckchen, Weißröckchen
da kommst du geschneit;
du kommst aus den Wolken,
dein Weg ist so weit.*

*Komm, setz dich ans Fenster,
du lieblicher Stern;
malst Blumen und Blätter,
wir haben dich gern.*

*Schneeflöckchen, du deckst uns
die Blümelein zu;
dann schlafen sie sicher
in himmlischer Ruh'.*

*Schneeflöckchen, Weißröckchen
Komm zu uns ins Tal,
dann bau'n wir den Schneemann
und werfen den Ball.*

Die Weihnachtszeit am Dornbirner Marktplatz ungefähr in den 1960er Jahren.

O Tannenbaum
ERNST ANSCHÜTZ

O Tannenbaum, o Tannenbaum,
wie treu sind deine Blätter!
Du grünst nicht nur zur Sommerzeit,
nein, auch im Winter, wenn es schneit.
O Tannenbaum, o Tannenbaum,
wie treu sind deine Blätter!

O Tannenbaum, o Tannenbaum,
du kannst mir sehr gefallen.
Wie oft hat nicht zur Weihnachtszeit
ein Baum von Dir mich hoch erfreut!
O Tannenbaum, o Tannenbaum,
du kannst mir sehr gefallen!

O Tannenbaum, o Tannenbaum,
dein Kleid will mich was lehren:
Die Hoffnung und Beständigkeit
gibt Kraft und Trost zu jeder Zeit.
O Tannenbaum, o Tannenbaum,
dein Kleid will mich was lehren.

Die Weihnachtsbescherung bei Familie Josef Bauer im Klostertal im Jahr 1931.

Alle Jahre wieder
WILHELM HEY

Alle Jahre wieder
kommt das Christuskind
auf die Erde nieder,
wo wir Menschen sind.

Kehrt mit seinem Segen
ein in jedes Haus,
geht auf allen Wegen
mit uns ein und aus.

Ist auch mir zur Seite,
still und unerkannt,
dass es treu mich leite
an der lieben Hand.

DAS STEPHANUSFEST

Am 26. Dezember wird das Fest des hl. Stephanus gefeiert. Der Heilige ist der Schutzpatron der Kutscher, Maurer, Steinhauer, Pferdeknechte, Weber, Schneider und Zimmerleute. Beim Gottesdienst, dem Rossamt, sollen an diesem Tag alle Pferdebesitzer und Fuhrleute zum Opfer gehen.

Weihnachtskarpfen

Zutaten (für 4 Portionen):

1	KARPFEN (CA. 1,5 KG)
	SALZ UND PFEFFER
100 G	BUTTER
2	ZWIEBELN
500 G	CHAMPIGNONS
3 EL	MEHL
750 ML	KLARE SUPPE
200 G	OBERS
1 GLAS	WEISSWEIN
1	ZITRONE

Zubereitung:

Den Karpfen unter kaltem Wasser innen und außen waschen, trocken tupfen, salzen, pfeffern und mit 5 EL Butter in eine Pfanne legen. Diese in den auf 200°C vorgeheizten Backofen geben, dann braten, bis sich unter der Haut Blasen bilden – dann ist der Karpfen halbfertig. Währenddessen gelegentlich mit dem Bratfett begießen.

Für die Sauce die Zwiebeln abziehen, fein hacken und in Butter glasig andünsten. Champignons grob schneiden und dazugeben, salzen und pfeffern. Die fertig gebratenen Champignons mit Mehl bestäuben und mit der klaren Suppe begießen. Dazu Obers und Weißwein geben, mit Zitronensaft abschmecken. Die fertige Sauce über den halbfertigen Karpfen gießen und noch ca. 15 Minuten goldbraun braten.

Zubereitungszeit:
ca. 45 Minuten

Helle Winternacht
PETER ZIRBES

Rings webt des Winters Frische.
Die Erde ruht und schweigt.
Aus schwarzem Waldgebüsche
der Mond im Osten steigt.

Von blankem Silberflimmern
ist's Schneefeld übersät.
Die Sterne zitternd schimmern
in stiller Majestät.

Ich wandle durch die Heide,
die, ganz in Reif gehüllt,
erglänzt im weißen Kleide,
der Unschuld lieblich Bild.

Still ist's – ich höre schlagen
mein Herz im Busen laut,
als wollt's mir heimlich sagen,
was keinem es vertraut.

Doch leider schweigt es wieder,
da ihm die Rede fehlt,
bald mischt's in meine Lieder,
was es ängstlich quält.

Die Schattenburg in Feldkirch in einer Winternacht des Jahres 1959.

Kommet, ihr Hirten
JOSEPH MOHR

Kommet, ihr Hirten, ihr Männer und Frau'n!
Kommet, das liebliche Kindlein zu schau'n!
Christus, der Herr, ist heute geboren,
den Gott zum Heiland euch hat erkoren.
Fürchtet euch nicht!

Lasset uns sehen in Bethlehems Stall,
was uns verheißen der himmlische Schall!
Was wir dort finden, lasset uns künden,
lasset uns preisen mit frommen Weisen,
Hallelujah!

Wahrlich, die Engel verkündigen heut'
Bethlehems Hirtenvolk gar große Freud':
Nun soll es werden Friede auf Erden,
den Menschen allen ein Wohlgefallen.
Ehre sei Gott!

Weihnachten in Schruns im Jahr 1968.

Fröhliche Weihnacht überall!
HOFFMANN VON FALLERSLEBEN

»Fröhliche Weihnacht überall!«,
tönet durch die Lüfte froher Schall.
Weihnachtston, Weihnachtsbaum,
Weihnachtsduft in jedem Raum!

»Fröhliche Weihnacht überall!«,
tönet durch die Lüfte froher Schall.
Darum alle stimmet in den Jubelton,
denn es kommt das Licht der Welt von des Vaters Thron.

»Fröhliche Weihnacht überall!«,
tönet durch die Lüfte froher Schall.
Licht auf dunklem Wege, unser Licht bist du,
denn du führst, die dir vertrau'n, ein zu sel'ger Ruh'.

»Fröhliche Weihnacht überall!«,
tönet durch die Lüfte froher Schall.
Was wir ander'n taten, sei getan für dich,
dass bekennen jeder muss, Christkind kam für mich.

Die Christmette

Die Christmette stellt den religiösen Mittelpunkt des Weihnachtsfestes dar. Für viele Kirchenbesucher ist jener Moment ergreifend, und vielleicht werden Kindheitserinnerungen wieder wach, wenn in der dunklen Kirche im Lichtschein der Kerzen das weltbekannte Lied »Stille Nacht, Heilige Nacht« angestimmt wird.

Ursprünglich war die Mette das in der Heiligen Nacht in der Kirche gesungene Morgengebet. Im 17. und 18. Jahrhundert wurde sie aber als heilige Messe in den späten Heiligen Abend verlegt. Dieser Gottesdienst zählt zusammen mit der Osternacht zu den beiden großen nächtlichen Feiern im Kirchenjahr. Traditionell begann die Mette um Mitternacht, heute wird sie allerdings bereits gegen 22 oder 23 Uhr abgehalten. Das Evangelium in dieser Nacht handelt von der Botschaft von der Geburt Jesu, in den Frühmessen wird aus dem Lukasevangelium von der Erscheinung der Engel vor den Hirten und vom Besuch der Hirten im Stall von Bethlehem berichtet. Für Kinder gibt es nun am Nachmittag Kindermetten, die aber – oftmals ohne Eucharistiefeier – als Andacht, Krippenspiel oder als Vesper konzipiert sind.

Heute zählen die Weihnachtsmetten als zentraler Bestandteil des Weihnachtsfestkreises zu den besucherstärksten religiösen Feiern im Kirchenjahr. Allerdings hatte früher diese Popularität auch ihren Preis, wie uns Ignaz Konzett aus Frastanz im Jahr 1920 berichtete: »Die Heilige Christnacht wird bis ein Uhr nachts wachend zugebracht. Bis zwölf Uhr nachts tut man sich in den Familien und teils in den Wirtshäusern bei Wein, Most, zu Hause mit Schnaps und Nüssen, Äpfel und dergleichen gütlich. Um zwölf Uhr nachts begeben sich die Leute, darunter leider auch Betrunkene, in die Kirche zum heiligen Amte.«

Aus Lustenau wurde berichtet, dass Buben, die auf dem Weg zur Mette waren, Raketen und Knallfrösche abbrannten. Erinnert dieser Brauch, der inzwischen nicht mehr gepflegt wird, an die Zeit vor der Kalenderreform 1582 (Gregorianischer Kalender), als noch Weihnachten und Jahresanfang zusammen fielen?

's Christkindle kutt
ARMIN DIEM

b'Buobo-n-und d'Moattla
si stond uf om Gang,
will's Christkindle ko sött …
si wartad scho lang.

D'Rößle und b'Poppa
siond alle scho hio,
vilicht bringt as nöüe,
wär däs halt sa schüo.

'S Folga goht 's Johr duor
bin Gobohalt schwär,
eotz tuot ma-n-a breve
und beattat sagär.

Ängsta-n-und Fröüda,
was klinglat sa lutt?
dear Wundor in Gsichtor –
los! 's Christkindle kutt.

Langsam goht Tüor uf,
do Christbomm ... uh, luo!
voll Kerza-n-und Kugla
und Hüslarzüg gnuo.

's Christkindle lächlat
im Krippele dionn,
wi friodle ist gäralls
im Stüble dohionn.

Himmlische Fröüda
händ g'Gobo – ich fiond,
ma ka's denn arleaba
fast ou wi a Kiond.

Di Heilig Nacht
OTTO BORGER

Hon der's ghört? Hüt z'Mitternacht,
In-ra subara Underschlacht
im a Stall i Bethlehem,
of am Boda of am Lehm,
of ma Hufa frescham Straub
hot Maria, üsri Frau,
still gebora ds Jesukin.
Dr heilig Josef rechtat gschwin
in-ra Kreppa ds Bettli her.
Denkt, wenn's nu dahemat wer,
decht net do i fröndam Land.
Därt wer ds Kindhes schö binand.

Doß ist zmol an hälla Schie
om de Schäram ds ringom gsie.
I da höchsta Himmels-Tö
singan Engel wunderschö.
Hirta konn vo wiet und brät.
Brengan Lämmli vo der Wäd
met as Krom. Dia starka Ma
bätan ds Kin voll Ehrforcht a.
Us ma Land met frönder Sproch,
ama großa Stärna noch,
sen drei riechi König ko
nu grad wägam Gottassoh.

Aram fast wia Kilkamüs
kunnst Du, Jesukin, zo üs.
Not und Armuat schüchst Du nüt,
hälfa wett Du allna Lüt.
Herrschsucht ist do, Kieb und Striet,
öberall ist Haß und Nied,
i Stadt und Land, bi groß und klie.
Nötig sött an Hälfer si.
Macht und Ahang host Du net.
Enzig Liabi brengst Du met.
Göttlis Kin, luag Du dazua,
hilf dr Wält zu Fred und Ruah.

Die Weihnachtsmette in Laz bei Nüziders am 24. Dezember 2007.

Butter-Zimt-Keks

Zutaten:

125 G	BUTTER
125 G	BUTTERSCHMALZ
2	EIGELB
½	ZITRONE
1,5 EL	RUM
200 G	ZUCKER
500 G	MEHL
	ZUCKER, ZIMT

Zubereitung:
Butter, Butterschmalz, Eigelb, Zitrone, Rum und Zucker vermengen und rühren, bis der Teig Blasen schlägt. Dann nach und nach das Mehl dazusieben und zu einem Teig verrühren. Den Teig auf einer bemehlten Oberfläche kneten. Einige Stunden, am besten aber über Nacht, kühl stellen.

Den Teig sehr dünn ausrollen und beliebige Formen ausstechen. Bei 180°C ca. 10 Minuten backen, bis die Kekse goldgelb sind. Die Kekse vorsichtig vom Blech abheben und in einem Zucker-Zimt-Gemisch wälzen.

Zubereitungszeit:
ca. 30 Minuten bzw. zwei Tage

Weihnachtsglocken
RICHARD DEHMEL

Weihnachtsglocken, wieder, wieder
sänftigt und bestürmt ihr mich.
Kommt, o kommt, ihr hohen Lieder,
nehmt mich, überwältigt mich!

Dass ich auf die Knie fallen,
dass ich wieder Kind sein kann,
wie als Kind Herr Jesus lallen
und die Hände falten kann.

Denn ich fühl's, die Liebe lebt, lebt,
die mit ihm geboren wurde,
ob sie gleich von Tod zu Tod schwebt,
obgleich er gekreuzigt wurde.

Fühl's, wie alle Brüder werden,
wenn wir hilflos, Mensch zu Menschen,
stammeln: »Friede sei auf Erden
und ein Wohlgefall'n am Menschen!«

Weihnachten
Joseph von Eichendorff

Markt und Straßen stehn verlassen,
still erleuchtet jedes Haus,
sinnend geh' ich durch die Gassen.
Alles sieht so festlich aus.
An den Fenstern haben Frauen
buntes Spielzeug fromm geschmückt,
tausend Kindlein stehn und schauen,
sind so wunderstill beglückt.
Und ich wandre aus den Mauern
bis hinaus ins freie Feld,
hehres Glänzen, heil'ges Schauern!
Wie so weit und still die Welt!
Sterne hoch die Kreise schlingen,
aus des Sehnens Einsamkeit
steigt's wie wunderbares Singen –
O du gnadenreiche Zeit!

Leise rieselt der Schnee
Eduard Ebel

Leise rieselt der Schnee,
still und starr ruht der See.
Weihnachtlich glänzet der Wald:
Freue dich, Christkind kommt bald!

In den Herzen ist's warm,
still schweigt Kummer und Harm.
Sorge des Lebens verhallt:
Freue dich, Christkind kommt bald!

Bald ist Heilige Nacht,
Chor der Engel erwacht.
Hört nur, wie lieblich es schallt:
Freue dich, Christkind kommt bald!

Morgen, Kinder, wird's was geben
MARTIN FRIEDRICH PHILIPP BARTSCH

*Morgen, Kinder, wird's was geben,
morgen werden wir uns freu'n!
Welch ein Jubel, welch ein Leben
wird in unserm Hause sein!
Einmal werden wir noch wach,
heißa, dann ist Weihnachtstag!*

*Wie wird dann die Stube glänzen
von der großen Lichterzahl,
schöner als bei frohen Tänzen
ein geputzter Kronensaal.
Wisst ihr noch vom vor'gen Jahr,
wie's am Weihnachtsabend war?*

*Wisst ihr noch mein Räderpferdchen,
Malchens nette Schäferin,
Jettchens Küche mit dem Herdchen
und dem blank geputzten Zinn?
Heinrichs bunten Harlekin
mit der gelben Violin?*

*Welch' ein schöner Tag ist morgen!
Viele Freunde hoffen wir.
Uns're lieben Eltern sorgen
lange, lange schon dafür.
O gewiss, wer sie nicht ehrt,
ist der ganzen Lust nicht wert!*

Weihnachtliche Stimmung bei der Pfarrkirche Rheindorf in Lustenau.

STERNTALER
BRÜDER GRIMM

Es war einmal ein kleines Mädchen, dessen Vater und Mutter gestorben waren. Die Eltern hatten ihr nichts hinterlassen und sie war so arm, dass sie kein Kämmerchen mehr hatte, um darin zu wohnen und kein Bettchen mehr hatte, um darin zu schlafen.

Irgendwann hatte sie gar nichts mehr außer den Kleidern auf dem Leib und einem Stück Brot in der Hand, welches ihr ein gutes Herz geschenkt hatte. Sie war aber gut und fromm. Und weil sie so von aller Welt verlassen war, ging sie im Vertrauen auf den lieben Gott hinaus ins Ungewisse. Da begegnete ihr ein armer, alter Mann, der sprach: »Ach bitte, ich bin so hungrig. Gib mir etwas zu essen!«

Da reichte sie ihm das ganze Stück Brot und sagte: »Gott segne's dir!«, und ging weiter.

Da kam ein Kind, das jammerte und sprach: »Es friert mich so an meinem Kopfe! Bitte schenk mir etwas, womit ich ihn bedecken kann.«

Da nahm sie ihr Mützchen ab und gab es ihm. Und als sie noch ein Stück gegangen war, kam wieder ein Kind, das hatte kein Leibchen an und fror. Da gab sie ihm ihres. Und noch ein Stück weiter, da bat eins um ihr Röcklein und das gab sie auch noch hin.

Endlich gelangte sie in einen Wald. Es war schon dunkel geworden. Da kam noch ein Kind und bat um ein Hemdchen. Das fromme Mädchen dachte: »Die Nacht ist dunkel, da sieht mich niemand. Ich kann wohl auch mein Hemd weggeben«, und zog das Hemd ab und gab es auch noch hin.

Und wie sie so stand und gar nichts mehr hatte, fielen auf einmal die Sterne vom Himmel und waren lauter harte, blinkende Taler. Und auch wenn sie ihr Hemdlein weggegeben hatte, so hatte sie ein neues an und das war vom allerfeinsten Linnen. Da sammelte sie die Taler hinein und war reich für ihren Lebtag.

Engellied zu Weihnachten
VOLKSGUT

Ihr Hirten erwacht,
seid munter und lacht,
die Engel sich schwingen
vom Himmel und singen:
»Die Freude ist nah!
Der Heiland ist da!«

Der Stall, er war alt,
zerborsten und kalt.
Es schmerzten die Winde
der Mutter, dem Kinde,
der Regen, der Schnee
vermehren das Weh.

Das Kripplein ist hart,
das Kindlein ist zart.
Ihr habt ja noch Wiegen,
lasst Gott darin liegen.
Auf, Zimmer und Zelt
dem Heiland der Welt!

Selbst gebastelte Weihnachtsgeschenke von Josef Bauer im Klostertal im Jahr 1931.

WEIHNACHTEN 1924 AM DORNBIRNER KÜHBERG
ANNA RUSCH-HUBER

Gottseidank gab es am Kühberg nicht nur stürmische Tage. Nein, es gab da oben viele schöne Stunden. So erinnere ich mich besonders gerne an den Heiligen Abend 1924. Als es dunkelte, kam der Vater müde und hungrig von der Holzarbeit heim. Die Mutter wartete mit dem üblichen einfachen Abendessen schon auf ihn. Etwas Besonderes gab es ja erst am Festtag. Da stand am Morgen schon ein Gugelhupf auf dem Tisch. Das war Mutters Lieblingsessen. Vater und Mutter tranken einen guten Kaffee dazu, die Kinder tranken, wie üblich, Milch. Erst nach dem Frühstück durften wir, wie es damals Brauch war, in die Stube. Da standen nun ein schön geschmückter Christbaum in hellem Lichterglanze und ein kleines Krippele.

Die Geschenke waren bescheiden, aber sie kamen von Herzen. Der kleine Bruder bekam eine Trompete und ein schönes Holzpferd. Ich erhielt von der Mutter gestrickte Strümpfe und neue Schuhe. Für meinen weiten Schulweg war das sehr wichtig. Für den Vater hatte sie ein warmes Hemd genäht, und sie selbst erhielt eine neue Schürze für den Sonntag. Besondere Freude bereitete uns allen ein Gruß von der ältesten Schwester von ihrem Dienst in Lech.

Da ich nicht in die Schule musste, hatten wir in der Abgeschiedenheit des Kühbergs eine für uns Kinder wunderbare Zeit. Es war eine bescheidene, aber sicher nicht weniger glückliche Zeit als heute!

Am Weihnachtsbaum die Lichter brennen
HERMANN KLETKE

Am Weihnachtsbaum die Lichter brennen,
wie glänzt er festlich, lieb und mild,
als spräch' er: »Wollt in mir erkennen
getreuer Hoffnung stilles Bild!«

Die Kinder stehen mit hellen Blicken,
das Auge lacht, es lacht das Herz,
o fröhlich seliges Entzücken!
Die Alten schauen himmelwärts.

Zwei Engel sind hereingetreten,
kein Auge hat sie kommen seh'n;
sie geh'n zum Weihnachtstisch und beten
und wenden wieder sich und geh'n.

»Gesegnet seid ihr alten Leute,
gesegnet sei, du kleine Schar!
Wir bringen Gottes Segen heute
dem braunen wie dem weißen Haar.

Zu guten Menschen, die sich lieben,
schickt uns der Herr als Boten aus
und seid ihr treu und fromm geblieben,
wir treten wieder in dies Haus.«

Kein Ohr hat ihren Spruch vernommen,
unsichtbar jedes Menschen Blick,
sind sie gegangen wie gekommen,
doch Gottes Segen blieb zurück.

3.
Silvester und Neujahr

Silvesternacht
LUDWIG THOMA

Und nun, wenn alle Uhren schlagen,
so haben wir uns was zu sagen,
was feierlich und hoffnungsvoll
die ernste Stunde weihen soll.

Zuerst ein Prosit in der Runde!
Ein helles und aus frohem Munde!
Ward nicht erreicht ein jedes Ziel,
wir leben doch, und das ist viel.

Noch einen Blick dem alten Jahre,
dann legt es auf die Totenbahre!
Ein neues grünt im vollen Saft!
Ihm gelte unsre ganze Kraft!

Wir fragen nicht: Was wird es bringen?
Viel lieber wollen wir es zwingen,
dass es mit uns nach vorne treibt,
nicht rückwärts geht, nicht stehen bleibt.

Nicht schwächlich, was sie bringt, zu tragen,
die Zeit zu lenken, lasst uns wagen!
Dann hat es weiter nicht Gefahr.
In diesem Sinne: Prost Neujahr!

Neujahrslied
NACH MÜNDLICHER ÜBERLIEFERUNG AUS LUSTENAU

*Es ist ein Kind geboren
zu Betlehem im Stall.
Kommt, helfet es mir loben,
ihr alle jung und alt!
Ihr Großen und ihr Kleinen,
das Kind zu benedeien,
lobt all' den Heiland Jesu Christ,
der der Welt geboren ist!
Ihr Hirten auf dem Felde,
o kommt und eilt mit mir,
eilt alle her zur Krippe
mit höchster Begier.
Und was ich dir kann geben,
mein Leib und Seel und Leben,
das alles schenk ich dir.
Wir wünschen dem Hausherrn
und der Frau Gemahlin,
wir wünschen ihnen die Liebe
und den Frieden beisammen
Gottes Segen zu genießen,
das Kindlein zu begrüßen,
wir wünschen ihnen allzumal
ein glückseliges neues Jahr.*

WIE SILVESTER UND NEUJAHR IN VORARLBERG GEFEIERT WURDEN

»Silvester, Bettnäster« riefen sie jenem zu, der am Silvestermorgen am längsten schlief. In Höchst soll der Langschläfer sogar mit Deckeln und Pfannengeklapper zum Aufstehen gedrängt worden sein. Als Erwachsener hatte er jedenfalls einen Liter Wein zu bezahlen. Wer aber übervorsichtig schon ganz früh am Morgen im Haus herumgeisterte, wurde im Großen Walsertal als Stubahund oder als Dieletapper gehänselt. Auch der Ausdruck Stubafuchs war gebräuchlich.

In Bludenz galt der letzte Tag des Jahres als Bettag. In Lustenau dagegen war die Nachmittagsandacht am letzten Sonntag des Jahres der Jahresdanksagung gewidmet.

Am Silvesterabend wurde in einer Andacht für das vergangene Jahr gedankt und um Beistand für das neue Jahr gebetet. In Lingenau wurde dabei der Zusatz aufgenommen, dass im kommenden Jahr kein Kind ohne Taufe und kein Erwachsener ohne Sterbesakramente oder gar in Ungnade sterben möge. Um Mitternacht läuteten die Glocken das neue Jahr ein.

Auch wenn inzwischen Silvestergalas und Silvesterpartys zum Ausgehen einladen, so verbringt dennoch der Großteil der Bevölkerung den Abend beim häuslichen Silvesterla, wobei die Unterhaltung nicht zu kurz kommt. Das Bleigießen um Mitternacht erfreut sich großer Beliebtheit. Der Versuch, auf Grund der Form des gegossenen Bleis das Schicksal im neuen Jahr zu erforschen, soll den Wunsch der Menschheit nach einem Blick in die Zukunft erfüllen.

Bereits während des langen Silvesterabends wurde von den Schulbuben und von den Erwachsenen mit allen möglichen Knallmitteln das alte Jahr hinausgeschossen. In manchen Gegenden Vorarlbergs war dagegen das Neujahr-Anschießen Brauch: »Die Liebebuben beschäftigen sich mit ihrer Liebsten, holen den

Birnzelten, schießen ihr auch das Neujahr an, wobei jeder trachtet den ersten Schuss in der Gemeinde für seine Geliebte abzugeben, was aber für ihn gefährlich werden kann, denn es ist Brauch, dass der erste Schuss auf Schlag zwölf dem Pfarrer zu gelten habe«, bemerkte Ignaz Konzett im Jahr 1920. Unter den Mädchen soll dabei eine Art Wettbewerb über die Anzahl der abgegebenen Schüsse – und auch über die Anzahl der Burschen – bestanden haben.

In Schruns haben vor dem Ersten Weltkrieg das Mädchen oder ihr Vater dem Burschen Schnaps serviert, in Alberschwende soll es auch einen Lebzelten als Belohnung für die Aufmerksamkeit und für das Zeichen der Zuneigung gegeben haben. Mit dem Ende des Ersten Weltkrieges wurde dieser Brauch aufgegeben. Ein Zeitzeuge aus Brand berichtete darüber: »Es war klar, dass sich oft mehrere Bewerber vor demselben Haus trafen. Dabei waren auch solche, die leider kein Gewehr hatten und sich einem Mitbewerber anschließen mussten.«

Trotz Verbots konnte sich das Böllerschiessen halten. Heute erhellen zudem Feuerwerke den Himmel. So alt wie die Silvesterböllerei dürfte auch deren Verbot sein. Der Bludenzer Landrichter Albrecht ließ am 30. Dezember 1820 verlautbaren: »Das Neujahrsschießen wird in Hinblick auf entstehende Unglücksfälle verboten.« Wie ohnmächtig die Behörden dem Böllerschiessen aber gegenüberstanden, geht aus der Vorgangsweise des Bürgermeisters Schedler hervor, der am 27. Dezember 1823 den Ratsdiener durch die Bludenzer Gassen schickte, der unter Trommelwirbel verkündete: »Das Verbot des Neujahrsanschießens wird mit dem in Erinnerung gebracht, dass gegen die Übeltäter, wenn sie auch erst nach der Hand bekannt werden, die bestimmte Strafe ohne Nachsicht verhängt werde.«

Aber nicht nur das Schießen wurde von der Obrigkeit bekämpft. Im 17. Jahrhundert war der Tanz zu Neujahr nur mit Erlaubnis des Bürgermeisters gestattet. Einige Bludenzer Burschen, die sich nicht um dieses Gebot kümmerten, wurden vor den Stadtrat geladen. Gemäß Ratsprotokoll vom 13. Jänner 1652 verhängte dieser eine Strafe, indem sie in der kommenden Fasnacht den Kapuzinern beim Transport der Nussbäume und des Sägeholzes zu helfen hatten, ansonsten sie mit einer Gefängnisstrafe rechnen mussten.

Im Bludenz der »guten alten Zeit« zog der Nachtwächter von Haus zu Haus und sang das Neujahr an, wofür er eine Spende oder einen Trunk erhielt: »Hört ihr Bürger und lasst Euch sagen, der Hammer, der hat zwölf geschlagen, ein neues Jahr geboren ist, hochgelobt sei Jesu Christ! Dies wünscht aus Herzensgrund der Wächter Euch zu dieser Stund!«

Und dieser Trunk führte 1920 zum Ende des Brauches: Da die Nachtwächter bei dieser Gelegenheit meistens in gar zu feuchtfröhliche Stimmung gerieten, wurde dieser Gebrauch abgeschafft. Nun, Trinkkultur und Brauchtum sollten sich aber nicht ausschließen, sondern vielmehr ergänzen, wie der Volkskundler Wolfgang Rusch 1971 in Bezug auf das weihnachtliche Turmblasen in der Bregenzer Oberstadt bemerkte: »Was macht es schon, dass die wohlvertrauten Weisen bisweilen nicht nur weihnachtlichen Geist verkünden, sondern auch ein bitzle Weingeist? Fröhliche Heiterkeit ist viel mehr wert, als geistreiches Nüchterntum!«

Zeitig in der Früh zogen die Kinder für das Neujahrsanwünschen von Haus zu Haus. Einzeln oder in kleinen Gruppen sagten sie den Neujahrsglückwunsch auf, worauf sie eine Geldspende erhielten. In den Tälern, wo die Walser siedelten, wie in den beiden Walsertälern, Laternser- und Brandnertal, hieß dies Neujohrspringa. Vom Patenonkel und von der Patentante erhielten die Kinder spezielles Gebäck: Zopf, Eierring und Eierkranz sollte auf Grund ihrer geschlossenen Form besondere Kraft innewohnen. Manchmal erhielten die Kinder von ihren Paten sowie von den Großeltern sogar einige Silbermünzen. Oftmals wurde der Besuch bei den Paten aber auch ausgespart, da ohnehin der darauf folgende Sonntag für das gemeinsame Neujahrsessen vorgesehen war.

Allerdings artete dieser Heischebrauch der Kinder oftmals in Kinderbettelei aus, worauf er von den Gemeindeverantwortlichen immer wieder untersagt wurde. Als Ersatz wurden Neujahrsentschuldigungskarten aufgelegt, deren Erträgnis den Schülern zugewendet wurde. In Rankweil behalf man sich um 1900 als Ausgleichsmaßnahme mit einer kleinen Weihnachtsfeier, in der als Weihnachtsgebäck ein Zopf ausgeteilt wurde. Dieser Schulzopf wurde durch freiwillige Spenden der Bevölkerung ermöglicht. Seit dem Zweiten Weltkrieg ist der Schulzopf aber Geschichte. In manchen Gegenden wurden auch Zopf- und Birnbrot verschenkt. Auch der hungernde Schulmeister soll geigend, singend oder bloß wünschend bei den besten Häusern des Dorfes hausiert haben.

Über das gegenseitige Schenken berichtete Ignaz Konzett 1918 aus dem großen Walsertal:

»Auch der Pfarrer muss erfahren, wie gut das Birnbrot schmeckt. Eine Anzahl besserer Bürgersöhne der Gemeinde treffen die Anstalt, ihren Seelsorger dadurch zu ehren, dass sie ihm das Neujahr anwünschen unter Pöllerklang (sic) und persönlicher Übergabe eines großen, verzierten Brotringes. Dies geschieht am Vorabende. Der Pfarrer verdankt diese Ehrung dadurch, dass er am Sonntag drauf den dabei beteiligten Jünglingen einen Trunk mit frugalem Essen verabreicht, wofür ihm diese Jünglinge aus Erkenntlichkeit umsonst das Brennholz zum Pfarrhofe führen und scheiten, was ebenfalls den Pfarrer wieder ein paar Imbisse kostet.«

Am Neujahrstag tauschten Erwachsene und Kinder den Wunsch aus:

»A guats neus Johr, dass lang läbscht und gsund blibscht und z'letscht in Himmel kunnscht.«

Es herrschte dabei der Aberglaube, dass der erste Gratulant ein Bub sein sollte, da dies ein besonders glückliches neues Jahr bedeutete. Im Rahmen der Neujahrsbesuche wurden Geschenke ausgetauscht, und ein Glas Wein oder ein Selbstgebrannter ausgeschenkt. Das persönliche Neujahrsanwünschen zog sich bis Dreikönig hin. Die Jugend allerdings soll großspurig einen anderen Spruch parat gehabt haben. Auf den Wunsch »Glückseligs Neujohr« gab sie zur Antwort »I rupf di bim Hor!«

Aus Lustenau wurde berichtet, dass Bäcker und Fleischhauer ihre Kunden mit Neujahrsgaben beschenkten. Auch der Briefträger ging an diesem Tag nicht leer aus.

In Hirschau im Bregenzerwald brachte am Neujahrstag der Mesner das Weihwasser und den Weihrauch in die Häuser.

Das Skigebiet rund um die Heilbronner Hütte auf einer Seehöhe von 2.320 Metern.

Das Neujahrsanwünschen in Hirschau
Franz Dieth

Am Nachmittag des letzten Tages im alten Jahre wanderten die Kinder von Haus zu Haus, um allen Dorfbewohnern ein glückseliges Neujahr zu wünschen, und – das war die Hauptsache – dafür reichlich mit Neujahrsgeschenken bedacht zu werden. Mancher Junge fand fast keine Zeit mehr, mittags zu Tische zu sitzen. Einen größeren Sack oder einen Kissenbezug hatte jedes Kind schon längst hergerichtet. Nach dem Mittagessen stürmten nun Buben und Mädchen lärmend in tollem Übermut mit Säcken hinaus in die Wintereinöde. Da kannten sie weder Kälte noch Unwetter. Sogar noch nicht schulpflichtige Kleine suchten mit einem Sack in den benachbarten Häusern Neujahrsgeschenke zu erlangen. In wildem Durcheinander ging es nun von Haus zu Haus. Aus allen Gesichtern strahlte an diesem Tage übergroße Freude. Wohl mancher Schlingel fand im engen, ausgeschöpften Schneeweg nicht mehr Platz, er bahnte sich keuchend eine eigene Spur oder stieß in seinem wilden Ungestüm andere in den glitzernden Schnee. Das war ein Leben für das junge Volk!

Nicht nur die Kinder, ja sogar die Alten freuten sich an diesem Treiben. Die Hausmütter hatten auf diesem Tag die nötigen Neujahrsgeschenke schon in Bereitschaft gestellt. Als solche wurden vorwiegend Bäckereien und Obst verabreicht. Alle diese Geschenke steckten die Neujahrer dankend in ihren Sack. Es wurde kein Haus ausgelassen, überall kamen sie hin, alle Dorfbewohner wurden besucht und mit Glückwünschen überhäuft. Bei Einbruch der Dämmerung kam die frohe Schar jubelnd nach Hause. Da wurden zuerst die Säcke ausgeschüttet, um nach den Geschenken zu sehen. Dann wurde wacker gekostet. An die oft völlig nassen Schuhe und Kleider dachten sie erst später.

Lasst uns froh das Jahr beschließen
VOLKSGUT

Lasst uns froh das Jahr beschließen,
was es immer auch gebracht!
Mocht' uns manches auch verdrießen,
haben wir doch mehr gelacht
voller Freude, voller Lust,
laut hinaus aus voller Brust.

Lasst uns froh ins Neue schauen,
dass es stets nur Gutes bringt!
Lasst uns blind darauf vertrauen,
dass uns alles wohl gelingt,
was wir planen, was wir hoffen.
Hold steh' uns die Zukunft offen.

Lasst uns froh die Gläser heben
auf ein gutes, neues Jahr!
Fördern soll es unser Streben,
bannen soll es Notgefahr.
Horchet, wie die Glocken klingen!
Frieden sollen sie uns bringen.

Was in der Neujahrsnacht alles geschah
nach Ignaz Konzett

In dieser Neujahrsnacht geschah früher noch manches andere: Um die zwölfte Stunde gossen die Jäger, und der Überlieferung nach auch Wilderer, Freikugeln, die alles Gewünschte treffen sollten, wenn es auch stundenweit entfernt war. Die Springwurz wurde gegraben, welche durch bloße Berührung Schloss und Riegel öffnete, die Wünschelrute geschnitten, mit welcher verborgene Schätze entdeckt wurden. Man suchte den Farnsamen, mit dem man sich unsichtbar machen konnte. Auch die heiratssüchtigen Mädel schmolzen in einem eisernen Löffel Blei, gossen dasselbe ins Wasser, sahen dann in der gurgelnden Masse in ihrer lebhaften Phantasie allerlei Figuren, die im Eheleben notwendige Dinge versinnbildeten und aus denen sie die Zukunft erforschten und dabei fröhliche oder lange Gesichter schnitten.

Schlussseite – Zum neuen Jahr

Katharina Goethe, die Mutter von Johann Wolfgang von Goethe, schrieb folgendes Rezept für ein gutes neues Jahr auf:

»Man nehme zwölf Monate, putze sie ganz sauber von Geiz, Pedanterie und Angst und zerlege jeden Monat in 30 oder 31 Teile, sodass der Vorrat genau für ein Jahr reicht. Es wird jeder Tag einzeln angerichtet aus einem Teil Arbeit und zwei Teilen Frohsinn und Humor. Man füge drei gehäufte Esslöffel Optimismus hinzu, einen Teelöffel Toleranz, ein Körnchen Ironie und eine Prise Takt. Dann wird die Masse sehr reichlich mit Liebe übergossen. Das fertige Gericht schmücke man mit Sträußchen kleiner Aufmerksamkeiten und serviere es täglich mit Heiterkeit und mit einer guten, erquickenden Tasse Tee.«

BAUERNREGELN

- Ist's in den Zwölf Nächten mild, sind sie milden Winters Bild.

- Bringt St. Stephan Wind, die Winzer nicht fröhlich sind.

- Windstill muss St. Stephan sein, soll der nächste Wein gedeih'n.

- Silvesterwind und warme Sonn' werfen jede Hoffnung in den Bronn'.

- Neujahrsnacht still und klar, deutet auf ein gutes Jahr.

- Neujahrsnacht hell und klar, deutet auf ein reiches Jahr.

- Morgenrot am ersten Tag bringt Unwetter und große Plag.

- Wenn es zu Neujahr schneit, gibt es viele Bienenschwärme.

- Neujahrssonnenschein lässt das Jahr fruchtbarer sein.

- Wenn's um Neujahr Regen gibt, oft um Ostern Schnee noch liegt.

- Ein Jahr, das schlecht will sein, stellt sich schwimmend ein.

- Z'Lichtmess ist der Wintr g'wieß.

Jahreswetterprognose aus dem Grossen Walsertal
nach Alfons Köberle

Gerstenkörner werden am Heiligen Abend in eine Brenta gesät und auf den Ofen gestellt. Wenn an den Keimlingen Tröpfchen anhängen, so wird der auf diesen Tag zutreffende Monat regnerisch, sind die Pflänzchen trocken und frisch, so gibt es einen normalen Monat. Sind sie aber trocken und lahm, so gibt es einen trockenen Monat.

Lied der Schulkinder beim Neujahrsanwünschen

Wir kommen daher aus aller Gefahr
und wünschen dem Herrn ein gutes neu's Jahr,
ein gutes neu's Jahr, eine fröhliche Zeit,
Gott Vater, Gott Sohn und Gott Heiliger Geist.
Die Heiligen Drei König mit ihrem Stern,
wir suchten den Herrn und hätten ihn gern.
Wir gingen alsdann auf's Bergl hinauf
und sahen den Stern wohl oben am Haus,
wir gingen alsdann ins Häusl hinein
und fanden Maria mit dem Kindelein.

Prosit Neujahr!

Die Glocke schlägt jetzt Zwölf vom Turm,
die Böller krachen, Hörner blasen.
Es braust ein heller Freudensturm
in wilden Schwärmen durch die Straßen.
Jetzt, Freunde, hebt das Glas voll Punsch!
Von Herzen bring' ich Euch den Wunsch:
Wir bleiben, mag die Welt sich spalten,
auch in dem neuen Jahr die Alten.

Man drückt und küsst und wünscht sich viel,
was nur ein Herz sich mag begehren.
Doch Wünschen ist ein Kinderspiel,
und Götter können nur gewähren.
Dem Weisen dünkt das leerer Dunst,
Zufriedenheit ist höchste Kunst.
Wir lassen Gott, den lieben, walten
und bleiben nach wie vor die Alten.

Was bringt uns wohl das neue Jahr? –
O Freunde, eitel ist das Fragen!
Es bleibt, wie's stets gewesen war:
Ein Tropfen Freud', ein Meer von Klagen.
Und ist der Einzelne zu schwach,
sein Kreuz zu tragen, helft ihm nach,
und lasst uns fest zusammenhalten,
in Freud' und Leid getreu die Alten!

So lasst uns froh zusammensteh'n
und lustig mit den Gläsern klingen,
und ob sie auch in Scherben geh'n,
wenn nur die Herzen nicht zerspringen!
Und färbt sich silbern auch das Haar,
bleibt nur der Geist frisch, jung und klar,
dann bleiben wir stets trotz der Falten
die alten Jungen, jungen Alten.

JOHANNESWEIN

Der Johanneswein, gesegnet am Tage Johann Evangelist, dem 27. Dezember, hält sich jahrelang und wird bei Ohnmachten, Herzschwäche und Magenverstimmung verordnet. Die Segnung des Weins an diesem Tag wurde bis zum Ersten Weltkrieg vorgenommen und mit dem Spruch: »Trinkt die Liebe des heiligen Johannes!« an die Gläubigen ausgeteilt. Wie in Lustenau erzählt wurde, kamen an diesem Morgen alle Schüler zur Messfeier!

Ein Winterspaziergang auf Skiern im Klostertal um 1930.

Zum Neuen Jahre
JOHANN WOLFGANG VON GOETHE

Zwischen dem Alten,
zwischen dem Neuen
hier uns zu freuen,
schenkt uns das Glück.
Und das Vergang'ne
heißt mit Vertrauen
vorwärts zu schauen,
schauen zurück.

Stunden der Plage,
leider, sie scheiden
treue von Leiden,
Liebe von Lust.
Bessere Tage
sammeln uns wieder,
heitere Lieder
stärken die Brust.

Leiden und Freuden,
jener Verschwund'nen,
sind die Verbund'nen
fröhlich gedenk.
O des Geschickes
seltsamer Windung!
Alte Verbindung,
neues Geschenk!

Dankt es dem regen,
wogenden Glücke,
dankt dem Geschicke
männiglich Gut.
Freut euch des Wechsels
heiterer Triebe,
offener Liebe,
heimlicher Glut!

Andere schauen
deckende Falten
über dem Alten
traurig und scheu.
Aber uns leuchtet
freundliche Treue.
Sehet, das Neue
findet uns neu.

So wie im Tanze
bald sich verschwindet,
wieder sich findet
liebendes Paar,
so durch des Lebens
wirrende Beugung
führe die Neigung
uns in das Jahr.

Das Gutjahressen in Rankweil
nach Anna Linder-Knecht

Das Gutjahressen war bis zum Ersten Weltkrieg allgemeiner Brauch in Rankweil. Oft waren in einem Hause mehrere Patenkinder (Tauf- und Firmpatenkinder) mit einer Gutjahrgabe zu beschenken. Neben dem Eierzopf oder Eierkranz, den die Gotta dem Firm- oder Taufpatenkinde bei seinem Neujahrswünschen zu geben hatte, wurden vordem die Kinder oft auch zum Gutjahressen ins Haus der Gotta und des Götti eingeladen. Da wurde den Kindern aufgetischt, was an Gesottenem, Gebratenem und Gebackenem auf dem damals vorwiegend bäuerlichen Speisezettel aufschien. Nicht selten war ein Streik der Kindermägen der Enderfolg der Festtafel.

Neujahrsglückwunsch aus dem Kleinen Walsertal

*Wir bringen euch im neuen Jahr
unseres Herzens Wünsche dar.
Der liebe Gott mit seinem Segen
begleite euch auf allen Wegen.
Er segne euch in Haus und Stall
und auf dem Feld und überall.
Und alles, was euch dient zum Heil,
das werde euch im neuen Jahr zuteil!*

Bludenzer Wächterlied in der Neujahrsnacht
ALFONS LEUPRECHT

Hört ihr Bürger, lasst Euch sagen,
der Hammer, der hat zwölf geschlagen,
ein neues Jahr geboren ist,
hochgelobt sei Jesus Christ!
Schauet nicht ins alte Jahr zurück,
das neue bringe Segen, Freud und Glück,
Gesundheit, Fried' und Fröhlichkeit
und dann die ewige Seligkeit!
Dies wünscht aus Herzensgrund
Der Wächter Euch zu dieser Stund'!

Buttergebäck

Zutaten:

125 G	STAUBZUCKER
375 G	BUTTER
500 G	MEHL
1 PRISE	SALZ
	VANILLE

Zubereitung:
Alle Zutaten verkneten, danach zu Rollen formen (2,5 bis 3 cm Durchmesser) und ca. 1 Stunde kühlen. Die gekühlten Rollen mit Ei bestreichen, in grobem Kristallzucker wälzen, in ca. 8 bis 10 Millimeter dicke Scheiben schneiden, auf Backbleche legen und bei ca. 185° C backen.

Das kleine Mädchen mit den Schwefelhölzern
Hans Christian Andersen

Es war so grässlich kalt, es schneite und es begann dunkler Abend zu werden. Es war auch der letzte Abend des Jahres, Silvesterabend. In dieser Kälte und in diesem Dunkel ging auf der Straße ein kleines, armes Mädchen mit bloßem Kopf und nackten Füßen. Ja, sie hatte freilich Pantoffeln angehabt, als sie von zu Hause gekommen war, aber was konnte das helfen? Es waren sehr große Pantoffeln, die ihre Mutter bisher benutzt hatte, so groß waren sie. Und die verlor die Kleine, als sie über die Straße weg eilte, weil zwei Wagen schrecklich schnell vorbeifuhren. Der eine Pantoffel war nicht wieder zu finden und mit dem andern lief ein Junge fort. Er sagte, dass er ihn als Wiege benützen könne, wenn er selbst einmal Kinder bekäme.

Da ging nun das kleine Mädchen auf den nackten kleinen Füßen, die rot und blau vor Kälte waren. In einer alten Schürze trug sie eine Menge Schwefelhölzchen und einen Bund davon hielt sie in der Hand. Niemand hatte ihr den ganzen Tag lang etwas abgekauft, niemand ihr einen Pfennig geschenkt. Hungrig und erfroren ging sie und sah so elend aus, die arme Kleine. Die Schneeflocken fielen in ihr langes blondes Haar, das sich so schön um den Nacken lockte, aber an diese Pracht dachte sie nun freilich nicht. Aus allen Fenstern leuchteten die Lichter und dann roch es so herrlich nach Gänsebraten auf der Straße – es war ja Silvesterabend. Ja, daran dachte sie!

In einem Winkel zwischen zwei Häusern, von denen das eine etwas mehr in die Straße vorsprang als das andere, setzte sie sich hin und kauerte sich zusammen. Die kleinen Beine hatte sie unter sich hinaufgezogen, aber sie fror noch mehr und nach Hause gehen durfte sie nicht, sie hatte ja keine Schwefelhölzchen verkauft, nicht einen einzigen Pfennig bekommen, ihr Vater würde sie schlagen und kalt war es auch zu Hause. Sie hatten nur das Dach gleich über sich und da pfiff der Wind herein, wenn auch die größten Spalten mit Stroh und Lumpen zugestopft waren.

Ihre kleinen Hände waren vor Kälte beinahe ganz abgestorben. Ach, ein kleines Schwefelhölzchen konnte gut tun! Wenn sie nur ein einziges aus dem Bunde herausziehen, es an die Wand streichen und sich die Finger wärmen dürfte. Sie zog eins heraus. Ritsch, wie sprühte das, wie brannte es! Es war eine warme, helle Flamme, als sie die Hände darum hielt. Es war ein wunderbares Lichtchen! Dem kleinen Mädchen schien es, als säße sie vor einem großen, eisernen Ofen mit blanken Messingfüßen und einem Messingaufsatz, das Feuer brannte darin so wohltuend, es wärmte so gut.

Nein, was war das! Die Kleine streckte schon die Füße aus, um auch diese zu erwärmen, da erlosch das Flämmchen. Der Ofen verschwand, sie saß mit einem kleinen Stumpf des abgebrannten Schwefelhölzchens in der Hand.

Ein zweites wurde angestrichen, es brannte, es leuchtete und wo der Schein auf die Mauer fiel, wurde diese durchsichtig wie ein Schleier: Sie sah gerade in die Stube hinein, wo der Tisch gedeckt stand mit einem schimmernden weißen Tuch, mit feinem Porzellan, und herrlich dampfte die gebratene, mit Äpfeln und getrockneten Pflaumen gefüllte Gans. Und was noch prächtiger war, die Gans sprang von der Schüssel herunter und wackelte auf dem Fußboden, mit Messer und Gabel im Rücken. Gerade bis zu dem armen Mädchen hin kam sie, da erlosch das Schwefelhölzchen und es war nur noch die dicke, kalte Mauer zu sehen.

Sie zündete ein neues an. Da saß sie unter dem herrlichsten Christbaum. Er war noch größer und geputzter als der, den sie durch die Glastüre bei dem reichen Kaufmann beim letzten Weihnachtsfest gesehen hatte. Tausende von Lichtern brannten auf den grünen Zweigen und bunte Bilder, wie sie die Schaufenster schmückten, sahen auf sie herab. Die Kleine streckte beide Hände in die Höhe – da erlosch das Schwefelhölzchen. Die vielen Weihnachtslichter stiegen höher und höher und höher, sie sah, es waren nun die klaren Sterne, einer davon fiel herunter und bildete einen langen Feuerstreifen am Himmel.

»Jetzt stirbt jemand!«, sagte die Kleine, denn die alte Großmutter, die Einzige, die gut zu ihr gewesen, aber nun tot war, hatte gesagt: »Wenn ein Stern fällt, geht eine Seele empor zu Gott.«

Sie strich wieder ein Schwefelhölzchen an der Mauer an, das leuchtete ringsum und in dem Glanz stand die alte Großmutter, so klar, so schimmernd, so mild und gesegnet. »Großmutter!«, rief die Kleine, »o, nimm mich mit! Ich weiß, du bist fort, wenn das Schwefelhölzchen ausgeht, fort, wie der warme Ofen, der herrliche Gänsebraten und der große gesegnete Weihnachtsbaum!« Und sie strich in Eile den ganzen Rest Schwefelhölzer an, die im Bund waren, sie wollte die Großmutter recht festhalten. Und die Schwefelhölzer leuchteten mit solch einem Glanz, dass es heller war als der lichte Tag. Die Großmutter war nie zuvor so schön, so groß gewesen. Sie hob das kleine Mädchen auf ihren Arm und sie flogen in Glanz und Freude so hoch, so hoch. Und da war keine Kälte, kein Hunger, keine Angst – sie waren bei Gott.

Aber im Winkel am Hause saß in der kalten Morgenstunde das kleine Mädchen mit roten Wangen, mit einem Lächeln um den Mund – tot, erfroren am letzten Abend des alten Jahres. Der Neujahrsmorgen ging auf über der kleinen Leiche, die da saß mit den Schwefelhölzern, von denen ein Bund fast abgebrannt war.

»Sie hat sich wärmen wollen«, sagte man. Niemand wusste, was sie Schönes gesehen hatte und in welchem Glanz sie mit der alten Großmutter in die Neujahrsfreude eingegangen war.

Die tief verschneite Marienkapelle in Dalaas im Jahr 1935.

Karpfen in Bier gekocht

Zutaten:

1 KG   KARPFEN
       SALZ
       ZWIEBELN, NELKEN, MUSKAT
       BIER

Zubereitung:
Das alte Rezept im originalen Wortlaut: »Die Karpfe wird geschuppt, ausgenommen, gerissen und in Stücken geschnitten, auch vorher mit ein wenig Salz besprenget, denn abgewischet und in eine Casserolle oder Kessel gethan mit vielen klein gehackten Zwiebeln und ein wenig ganzen Negelein (Gewürznelken) und Muskatenblumen, denn Bier darauf, daß er völlig bedeckt ist, und denn auf starkem Feuer gekocht, bis daß von dem Bier nur eine kurze sämige Brühe übrig ist, und damit angerichtet.«

Zubereitungszeit:
ca. 45 Minuten

Die Pfarrkirche von Hörbranz zu Weihnachten.

Neujahrswunsch
VOLKSGUT

Ein neues Jahr nimmt seinen Lauf,
die junge Sonne steigt herauf.
Bald schmilzt der Schnee, bald taut das Eis,
bald schwillt die Knospe schon am Reis.
Bald werden die Wiesen voll Blumen sein,
die Äcker voll Korn, die Hügel voll Wein.
Und Gott, der ewig mit uns war,
behüt' uns auch im neuen Jahr.
Und ob wir nicht bis morgen schau'n,
wir wollen hoffen und vertrau'n.

Zu Neujahr
WILHELM BUSCH

Will das Glück nach seinem Sinn
dir was Gutes schenken,
sage dank und nimm es hin
ohne viel Bedenken.
Jede Gabe sei begrüßt,
doch vor allen Dingen
das, worum du dich bemühst,
möge dir gelingen.

Eine kurze Schlittenfahrt, Schruns im Jahr 1920.

4.
Der Dreikönigstag

DIE STERNSINGER VON VANDANS
HANS BARBISCH

Eine schöne Erinnerung an die Schulzeit birgt das Fest der Heiligen Drei Könige. Da wurden bis vor 40 Jahren (um 1880, Anm.) drei arme Schulkinder ausgewählt und mit Text und Melodie eines uralten Heiligen-Drei-König-Liedes vertraut gemacht. Auch allerlei Geschenke für den Gabenbeutel wurden vorbereitet. Ebenso mussten Hirtenstab und Pappendeckelkronen angefertigt werden. Die Bekleidung war einfach und praktisch. Über das Wärchtighes kam ein weißes Ristahemd, das bis zu den Waden reichte. Um die Mitte herum wurde ein roter, blauer oder grüner Flor gebunden, und auf dem Lockenkopfe saß die Schimmerkrone. Kaspar hatte ein mit Weizenmehl angeblasenes Gesicht. Melcher war der mit Pfannruß geschwärzte Mohr. Er trug den Gabenbeutel. Balthasar hatte zinnoberrote Backen, eine rote Nase und einen aufgewichsten Schnurrbart. Er war der größte der drei Morgenländer und trug den Stab mit dem Morgenstern.

So wanderten die drei Würdenträger zwischen Neujahr und Heilig-Drei-König von Haus zu Haus. Sie sangen mit Feiermine und drehten den Stern und teilten ihre Gaben aus. Klingelnde Silberlinge bildeten den Sängerlohn.

Von den Liedern, die einstens gesungen wurden, sind folgende noch bekannt:

Die Heiligen Drei Könige mit ihrigem Stern,
sie loben Gott und preisen den Herrn,
sie ritten vorn Herodes sein Haus.
Herodes schaut zum Fenster heraus,
Herodes sprach aus trutziger Rach:
»Warum ist der dritte gar so schwarz?« –
»Der Dritte ist aus Mohrenland,
das ist euch wohlbekannt.«
Herodes sprach: »Bleibt heut bei mir,
Ihr könnt ja auch schlafen hier.
Ich will Euch geben Stroh und Heu
und will Euch halten zehrungfrei.«
Die Heiligen Drei König, die wollten sich besinnen,
sie wollten heut Nacht noch von hinnen.
Sie ritten auf den Berg hinauf
und sahen den Stern wohl ober dem Haus.
Sie gingen hinein
und fanden da Jesus im Krippelein.
Sie fallen gleich nieder auf ihre Knie
und opfern Gold, Weihrauch und Myrrh'.
Und Josef war ein alter Mann.
Er schüret sogleich ein Feuer an
und kochet dem Kindlein eine Muselein
und streicht's ihm mit dem Finger ein.
Huscha! ...

»Hascha! Hascha! Die Heiligen Drei Könige sind da:
König Kaspar, Melcher, Balthasar!
Behüt uns Gott vor Schindern und Schergen,
dass uns dies Jahr nit tut verderben!«

Die Heiligen Drei König mit ihrigem Stern,
sie suchen Herrn Jesus und hätten ihn gern.
Sie reiten daher in schnellster Reis
in fünfzehn Tagen 500 Meilen weit.
Sie kommen daher, dem Herodes vors Haus,
Herodes, der schaut zum Fenster heraus.
Herodes, er spricht mit falschen Bedacht:
»Ihr Heiligen Drei König bleibt bei mir über Nacht.« –
»Wir können nicht bleiben, wir müssen gehen,
wir suchen Herrn Jesu und wollen ihn sehen.«
Sie finden das Kindlein ganz nackend und bloß
und legen's Maria, der Mutter, in d'Schoß.
Der hinterste König tut sein Hematli ab
und schneidet darob ein Windeli ab.

Es flieget ein Vögeli wohl übers Feld,
wir nehmen nichts anderes als Fleisch und Geld,
wir reisen und singen zur göttlichen Ehr'
und kommen fürbas aus Morgenland her.
Wir singen dem höllischen Teufel zu Trutz
und uns zum Heil und irdischem Nutz.
Wir wünschen auch ehrlich und wahr
ein glückseliges neues Jahr!

Eine Winternacht in Bezau.

DREIKÖNIGSTAG

Mit dem Dreikönigstag enden der Weihnachtsfestkreis und die zwölf Rauhnächte. In den Häusern werden der Christbaum und die Weihnachtskrippe, die seit dem Heiligen Abend die Stube schmücken, für ein Jahr wieder weggeräumt.

Das Brauchtum zu Dreikönig zeigte bis ins 19. Jahrhundert noch Unterschiede in den Praktiken der Seelsorge im ehemaligen Churer beziehungsweise Konstanzer Diözesananteil in Vorarlberg. Im nördlichen, dem Konstanzer Teil, bestand ursprünglich nicht der Brauch mit geweihter Kreide die Anfangsbuchstaben der drei Könige auf die Türstöcke zu schreiben, um vor Hexen und Dämonen geschützt zu sein. Im Konstanzer Manuale aus dem Jahr 1781 ist die Kreideweihe überhaupt nicht angeführt. Im Churer Ritual von 1782 dagegen wird sowohl der Weiheakt erwähnt als auch auf den Brauch des Türbeschreibens hingewiesen.

Heute wird an diesem Tag das frisch gesegnete Dreikönigssalz erneuert. Mit Kreide wird über den Hauseingang neben der Jahreszahl auch »K+M+B« geschrieben, was der Volksmund spaßhalber mit »Käs, Milch, Butter« übersetzt. Aber auch die andere Deutung, nämlich: »Kaspar, Melchior und Balthasar«, die Namen der Weisen aus dem Morgenland, ist nicht zutreffend. Die richtige Version ist vielmehr eine Bitte: »Christus segne dieses Haus - Christus mansionem benedicat«. Dieser Segensspruch soll Unheil und Schicksalsschläge von Mensch und Tier abhalten.

In den Tagen zwischen Weihnachten und Neujahr ziehen Kinder und Jugendliche mit kirchlicher Begleitung als Sternsinger von Haus zu Haus. Für das Dreikönigssingen ersuchen sie um eine Spende. Heute kümmern sich kirchliche Einrichtungen wie die Caritas um die finanziellen Aspekte des Spenden Sammelns. Noch im 19. Jahrhundert handelte es sich um Burschenschaften sowie um ledige Männer des Dorfes, die als Träger des Dreikönigssingens auftraten.

Allgemein verbreitet war die Einräucherung der Häuser am Dreikönigstag. Oftmals brachte der Mesner zu diesem Zweck den

Weihrauch in die Häuser. In Lauterach durfte er dafür im Herbst bei den Bauern Garben sammeln. Das Räuchern selbst war Vorrecht des Hausvaters: In einer Pfanne trug er glühende Kohlen mit aufgestreutem Weihrauch durch das Haus, während die Mutter hinter ihm herging und Weihwasser spritzte. Sie wurden dabei von den übrigen Hausbewohnern begleitet, die fünf Vaterunser für Segen und Gesundheit beteten. In manchen Häusern soll sogar dreimal, an den Vorabenden von Weihnachten, Neujahr und Dreikönig, geräuchert worden sein.

Im ehemaligen Konstanzer Diözesangebiet Vorarlbergs war lange Zeit die Dreikönigswasserweihe üblich. Trotz ihrer Länge von über einer Stunde – die Instruktion zur Vornahme der Weihe im Benediktionale umfasste 25 Seiten – stand sie bei der Bevölkerung in hohem Ansehen und wurde feierlich zelebriert. Die Weihe des Dreikönigswassers galt vor allem der Gesundheit von Mensch und Vieh und dem Gedeihen der Ernte. Die Weihe selbst fand am Vorabend oder am Dreikönigstag statt.

An diesem Tag erfolgte auch die Weihe des Salzes. In Bregenz diente ein eigener Ständer in der Kirche der Ablage des Salzes, das die Bauern zur Weihe mitgebracht hatten. Aber nicht nur in den Pfarrkirchen, auch in den kleinen Landkapellen, wie in den Dornbirner Ortsteilen Watzenegg und Kehlegg, war die Weihe üblich. Das Salz gilt – vor allem für das Vieh – als Symbol für Reinigung, Erfrischung und Schutz. Von diesem geweihten Salz nahm man selbst immer wieder eine Prise. Aber auch das Vieh, wenn es im Frühsommer auf die Almen zog, erhielt das geweihte Salz, um es vor Unheil zu bewahren.

Handelte es sich bei den folgenden Praktiken, die aus Dornbirn berichtet wurden, etwa um einen Rügebrauch, der jungen, unverheirateten Frauen galt? »Am Dreikönigstag sollen die Mädchen das Birnbrot und den Neujahrsschnaps, der von den Festtagen her noch übrig geblieben ist, vors Haus hängen. Doch will keine dies tun, um nicht zu verraten, dass ihr Haus ungesucht sei.«

Frohe Weihnachten und ein glückliches neues Jahr!

Der Christbaum beim Feldkircher Dom im Jahr 1956.

Die Rauhnächte

Zwischen dem Weihnachtstag und dem Fest der Heiligen Drei Könige jagte nach altem Volksglauben das Wilde Heer, s' Wuotoheer oder Wotans Heer, durch die Lüfte. Diese Tage galten bei den Bauern als Lostage für das Wetter: die einzelnen Wochentage sollten dabei das Wetter der folgenden Monate des kommenden Jahres ankündigen. Fiel zum Beispiel am vierten Tag Schnee oder Regen, so wurde gesagt, dass es einen nassen April geben würde. Um die bösen Geister zu vertreiben, kehrte man rund um das Haus, ungeachtet ob viel oder wenig Schnee lag.

Mariä Lichtmess –
das letzte Fest der Weihnachtszeit

Mariä Lichtmess am 2. Februar stellt das letzte Fest in der Weihnachtszeit dar. An diesem Tag werden die Christbäume und die Krippen aus den Kirchen entfernt. Das Datum des 2. Februar hat symbolische Bedeutung, liegt doch zwischen ihm und dem 25. Dezember ein Zeitraum von 40 Tagen. Diese 40 Tage finden sich auch in der Dauer der Fastenzeit wieder. Lichtmess galt für Knechte und Mägde als Zahltag, zudem erhielten sie – vor Beginn der Feldarbeit – einige Tage frei. Im Montafon galt Lichtmess zudem nach Ostern als der zweitwichtigste Hochzeitstermin.

Wie Leo Jochum berichtete, bot auch dieser Tag mit der Kerzenweihe und der Lichterprozession ein feierliches Ambiente: In Bludenz trugen die Schulkinder an diesem Tag während des Rosenkranzes geweihte Kerzen in der Hand. In Rankweil besuchte an diesem Tag der Mesner die Familien und kassierte den sogenannten Kerzenpatzen. Dort – wie auch in Übersaxen – wurden jeweils 19 gelbe und weiße Wachsstöcke, die Rodel, geweiht und an Priester, Chorleiter und an den Mesner verteilt, die alle an der Lichtmessprozession mitzugehen hatten. Die zu Lichtmess geweihten Kerzen und Wachsrodel wurden gerne beim Gebet und während Unwettern angezündet, um Schaden abzuwehren. In Gaschurn wurde an diesem Tag zur Abwendung der Lawinengefahr ein Psalter (drei Rosenkränze) gebetet. Dieses Gelöbnis ging möglicherweise auf die große Lawinenkatastrophe von 1689, bei der 52 Einwohner den Tod fanden, zurück.

Im Montafon war der Feiertag auch ein Lostag: »Zu Lichtmess soll man noch den halben Heustock haben«, damit das Vieh sicher durch den harten Winter gefüttert werden konnte. In Partenen, dem hintersten Ort des Montafons, wurde dieser Tag herbeigesehnt, denn die Sonnenstrahlen erreichten erstmals wieder den Talgrund. An diesem Tag sagte man dort: »Der halbe Winter ist vorbei«.

Die heiligen drei Könige mit ihrem Stern,
sie essen, sie trinken und zahlen nicht gern.

Dreikönigskuchen

Zutaten:

½ Würfel	Hefe
	oder 1 Pck. Trockenhefe
250 ml	warme Milch
1 TL	Salz
5 TL	Zucker
500 g	Mehl
50 g	Butter
2	Eier
80 g	Rosinen
1	Bohne
1 EL	Obers
100 g	Hagelzucker
100 g	Mandelsplitter

Zubereitung:

Hefe zerbröckeln und in die erwärmte Milch einrühren oder Trockenhefe unter das Mehl mischen. In einer großen Schüssel Salz, Zucker und Mehl mischen. Die Butter schmelzen und in das Milch-Hefe-Gemisch gießen, dann mit in die Schüssel geben. Ein Ei verquirlen und ebenfalls dazugeben. Den Teig kneten, bis er schön geschmeidig ist. Dann die Rosinen dazugeben und ebenfalls gut unterheben. Den Teig zugedeckt an einem warmen Ort auf das Doppelte aufgehen lassen.

Den Teig vierteln. Ein Viertel zu einer großen Kugel, dem Mittelstück des Kuchens, formen. Die anderen Viertel halbieren, zu sechs Kugeln formen und in einer Kugel die Bohne (den König) verstecken. Die kleinen Kugeln rund um das Mittelstück anordnen, Klebestellen mit etwas Wasser bepinseln und andrücken. Obers und ein Eigelb verquirlen, den Dreikönigskuchen ein wenig flachdrücken und mit dem Gemisch einstreichen.

Den Ofen auf 200° C vorheizen, so lange den Kuchen nochmals aufgehen lassen. Erst dann in den Ofen schieben und ca. 40 Minuten backen. Den Kuchen mit Hagelzucker und Mandelsplittern verzieren und auskühlen lassen.

Zubereitungszeit:
ca. 2 bis 3 Stunden

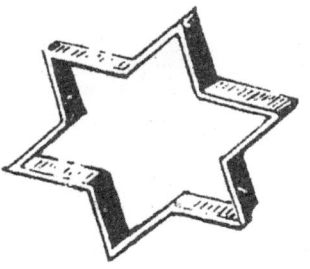

Der Esel und das Eis
Leonardo da Vinci

Es war einmal ein müder Esel, der vermeinte, nicht mehr bis zum Stall gehen zu können. Es war Winter und sehr kalt, alle Straßen waren vereist.

»Ich bleibe hier«, sagte der Esel und ließ sich zu Boden fallen.

Ein kleiner, hungriger Spatz näherte sich ihm und flüsterte ihm zu: »Esel, du bist nicht auf der Straße, sondern über einem zugefrorenen See. Gib Acht!«

Der Esel, schläfrig, gähnte genüsslich und schlief ein. Aber seine Körperwärme begann nach und nach das Eis aufzutauen, bis es mit einem Krachen brach. Als sich der Esel im Wasser wiederfand, fühlte er sich doch sehr beunruhigt. Aber jetzt war es zu spät und er ertrank.

BAUERNREGELN

- Ist bis Dreikönigstag kein Winter, so kommt auch keiner mehr dahinter.

- Ist Dreikönig hell und klar, gibt's viel Wein in diesem Jahr.

- Makarius das Wetter prophezeit für die ganze Erntezeit.

- Braut der Jänner Nebel gar, wird das Frühjahr nass fürwahr.

- Wenn's im Jänner donnert überm Feld, kommt später die große Kält'.

- Die Erde muss ihr Betttuch haben, soll sie der Winterschlummer laben.

- Ein Jänner wie ein März ist dem Bauern ein schlechter Scherz.

- Im Jänner sieht man lieber den Wolf als einen Bauern in Hemdsärmeln.

- Ist der Jänner hell und weiß, kommt der Frühling ohne Eis, wird der Sommer sicher heiß.

- Ist der Jänner feucht und lau, wird das Frühjahr trocken und rau.

- Kommt der Frost im Jänner nicht, zeigt im März er sein Gesicht.

- Lässt der Jänner Wasser fallen, lässt der Lenz es gefrieren.

- Sind im Jänner die Flüsse klein, gibt's im Herbst guten Wein.

- Soviel Tropfen im Jänner, so viel Schnee im Mai.

- Fehlen im Jänner Schnee und Frost, gibt der März gar wenig Trost.

- Im Jänner werden die Tage länger und der Winter strenger.

- Im Jänner Reif ohne Schnee tut Bergen, Bäumen und allem weh.

- Jänner muss vor Kälte knacken, wenn die Ernte gut soll sacken.

- Jännerschnee zuhauf, Bauer halt die Säcke auf.

- Jänner warm – dass Gott erbarm!

- Tanzen im Jänner die Mucken, muss der Bauer nach dem Futter gucken.

- Wenn der Frost im Jänner nicht kommen will, kommt er sicher im April.

- Sebastian – lässt den Saft in die Bäume gehen (20. Jänner).

- Ist Pauli Bekehrung hell und klar, so hofft man auf ein gutes Jahr.

Die Schneeschaufler bei der verdienten Rast im Klostertal um 1930.

DER ZWÖLFTE

In der Adventszeit galt von Seiten der Kirche strenges Tanzverbot. Ebenso wenig waren Hochzeiten gestattet. Nach der Weihnachtszeit durften aber wieder gesellige Anlässe abgehalten und besucht werden.

In Lustenau durfte am Zwölften, einem Lostag, gefeiert werden. Am Zwölften, stets der erste Sonntag nach Dreikönig, durfte man zum ersten Mal mit dem neuen Partner oder der Partnerin in der Öffentlichkeit auftreten. Burschen, die zu Hause ein Pferd hatten, sattelten dieses, ritten zu ihrem Liebchen, hoben es zu sich in den Sattel und trabten der Taverne zu. Dort spielte die Musik und die jungen Paare drehten sich im Tanz. An diesem Tag aber hatte nicht nur die Jugend ihr Vergnügen, sondern auch die Alten rückten aus. Ob arm, ob reich, am Zwölften erlaubte sich jedermann etwas Besonderes. Leute, die sonst den Kreuzer zweimal in der Hand umdrehen mussten, ehe sie ihn ausgaben, bestellten im Gasthaus Braten oder Bratwürste, und der Wein soll immer sehr reichlich geflossen sein. Auch Frohsinn und Gemütlichkeit haben unseren Ahnen nicht gefehlt, denn alte Leute behaupten, dass es am Zwölften immer sehr lustig war.

Epiphaniasfest
Johann Wolfgang von Goethe

Die Heiligen Drei König' mit ihrem Stern,
sie essen, sie trinken und bezahlen nicht gern.
Sie essen gern, sie trinken gern,
sie essen, trinken und bezahlen nicht gern.

Die Heil'gen Drei König' sind gekommen allhier,
es sind ihrer drei und sind nicht ihrer vier.
Und wenn zu dreien der vierte wär',
so wär' ein Heil'ger Drei König mehr.

Ich erster bin der weiß' und auch der schön',
bei Tage solltet ihr erst mich seh'n!
Doch ach, mit allen Spezerein
werd' ich sein Tag kein Mädchen mir erfrein.

Ich aber bin der braun' und bin der lang',
bekannt bei Weibern wohl und bei Gesang.
Ich bringe Gold statt Spezerein,
da werd' ich überall willkommen sein.

Ich endlich bin der schwarz' und bin der klein'
und mag auch wohl einmal recht lustig sein.
Ich esse gern, ich trinke gern,
ich esse, trinke und bedanke mich gern.

Die Heil'gen Drei König' sind wohlgesinnt,
sie suchen die Mutter und das Kind.
Der Joseph fromm sitzt auch dabei,
der Ochs und Esel liegen auf der Streu.

Wir bringen Myrrhen, wir bringen Gold,
dem Weihrauch sind die Damen hold.
Und haben wir Wein von gutem Gewächs,
so trinken wir drei so gut als ihrer sechs.

Da wir nun hier schöne Herrn und Frau'n,
aber keine Ochsen und Esel schau'n,
so sind wir nicht am rechten Ort
und ziehen unseres Weges weiter fort.

Winterzauber auf dem Weg zum Piz Buin, dem höchsten Berg Vorarlbergs mit einer Höhe von 3.312 Metern.

Dank

Die Rezepte für Buttergebäck, Gewürzschokoladenmousse und Früchtebrot wurden von Josef Mehringer, Café-Konditorei Mehringer, Dornbirn (http://www.cafe-mehringer.at) freundlicherweise zur Verfügung gestellt.

Die Abbildungen auf den Seiten 2, 38, 85 und 100 hat freundlicherweise Frau Helga Platzgummer, Stadtarchiv Dornbirn, zur Verfügung gestellt.

Die Erlaubnis zum Abdruck der Fotos auf den Seiten 11, 30, 42, 46, 102, 125, 144, 155 und 175 hat freundlicherweise Herr Christof Thöny, Museumsverein Klostertal – Klostertalmuseum, erteilt.

Die Genehmigung zum Abdruck der Fotos auf den Seiten 17, 33, 60, 69 und 159 hat freundlicherweise Herr Anton Raunicher, Schruns, erteilt.

Ein herzlicher Dank gilt Frau Hanni Borger, die den Abdruck des Gedichtes „Di Heilig Nacht" von Otto Borger erlaubt hat.

Mein Dank gilt auch Herrn Mag. Norbert Schnetzer, Vorarlberger Landesbibliothek, für die Erlaubnis der Wiedergabe der Winterbilder aus der Fotosammlung Risch-Lau.

Bildnachweis

BÜRKNER, HUGO (HRSG.): *Deutscher Jugendkalender für 1848*, Leipzig 1848: S. 83

DIETRICH, ANN-MARIE: S. 59

ERHART, BERNHARD: *Die Sternsinger von Silbertal*, Sammlung Hans Netzer: S. 166

Es war einmal. Ein Bilderbuch von Dresdner Künstlern, Dresden 1862: S. 88, 123

FRITZ, MARTIN, THÖNY, CHRISTOF: *Ansichten aus dem Klostertal 1900 bis 1950*, Erfurt 2008: S. 42, 46, 144, 155

FRITZ, MARTIN, THÖNY, CHRISTOF: *Das Klostertal 1920 bis 1960*, Erfurt 2007: S. 11, 30, 102, 125, 175

J. GABER'S ATELIER FÜR HOLZSCHNEIDEKUNST (HRSG.): *Christenfreude in Lied und Bild*, Leipzig 1855: S. 129

GUMPERT, THEKLA VON: *Hymnen für Kinder*, Berlin 1846: S. 112

NIERITZ, GUSTAV (HG.): *Sächsischer Volkskalender für das Jahr 1842*, Leipzig 1842: S. 9, 95, 119

RAUNICHER, ANTON: *Sammlung Adele Maklott*: S. 17, 33, 60, 69, 159

REINICK, R.: J. P. *Hebel's alemannische Gedichte*, Leipzig 1851: S. 148

Richter, Ludwig: *Was bringt die Botenfrau, Erster Tragekorb*,
   Leipzig 1850: S. 64

Richter, Ludwig: *Für's Haus. Im Winter*, Dresden 1858: S. 4,
   20, 90

Richter, Ludwig: *Gesammeltes für's Haus*, Dresden 1869: S. 169

Stevoeg: *Weihnachtsmette in Nüziders-Laz,* 24. Dezember 2007,
   http://commons.wikimedia.org/wiki/File:Weihnachtsmette_
   nueziders_5.jpg: S. 115

Strasser, Peter: *Urlaubsgrüße aus dem Montafon*, Erfurt 2011:
   S. 24, 53, 136, 179

Traugott, Johann: *An der Krippe zu Bethlehem*, Dresden 1852:
   S. 66

Traugott, Johann: *Knecht Ruprecht,* Leipzig 1852: S. 94, 104

Stadtarchiv Dornbirn: *Der Nikolaus kommt zu den Kindern*,
   Fotograf Franz Beer: S. 38, 85

Stadtarchiv Dornbirn: S. 2, 100

Vorarlberger Landesbibliothek Bregenz: *Fotosammlung
   Risch-Lau:* S. 15, 29, 44, 48, 56, 73, 77, 79, 81, 92, 96, 107, 109, 121,
   136, 157, 163, 166, 179

Alle anderen Bilder stammen aus dem Archiv des Sutton Verlags.

Literaturverzeichnis

BARBISCH, HANS: *Vandans, eine Heimatkunde aus dem Tale Montafon in Vorarlberg*, Innsbruck 1922.

BEITL, KLAUS: *Weihnachtskrippen in Vorarlberg. In: Vorarlberg – eine Vierteljahreszeitschrift*, Jg. 4 (1966), Heft 4.

BEITL, KLAUS: *Das Klausenholz: Untersuchung der Gebetszählhölzer im vorweihnachtlichen Kinderbrauch. In: Rheinisches Jahrbuch für Volkskunde*, Jg. 20 (1970).

BORGER, OTTO: *Di Heilig Nacht. In: Unser Ländle: Beilage zu »Jungösterreich« und »Berglandkinder«*, Jg. 3, H. 4 (Dez. 1952).

DIEM, ARMIN: *'S Christkindle kutt. In: Dornbirner Dichtungen*, Dornbirn 1957

DIETH, FRANZ: *Zwei Bräuche aus Hirschau. In: Heimat : volkstümliche Beiträge zur Kultur und Naturkunde Vorarlbergs*, Jg. 5 (1924).

HEIM, JOSEF: *Bräuche von Sulzberg. In: Heimat : volkstümliche Beiträge zur Kultur und Naturkunde Vorarlbergs*, Jg. 5 (1924).

FELDER, FRANZ MICHAEL: *Volkssprüche, Volksglaube und Bräuche aus dem Bregenzerwald (Aus dem Nachlasse Franz Michael Felders). In: Heimat: volkstümliche Beiträge zur Kultur und Naturkunde Vorarlbergs*, Jg. 5 (1924).

FINK, MARIA: *Das religiöse Brauchtum von Andelsbuch (1. Teil). In: Andelsbuch informiert*, Nr. 18.

GRABHER, HANNES: *Brauchtum, Sagen und Chronik.* (2. AUFL. 2002), Lustenau 1956.

GROSSHEUTSCHI, VINZENZ: D*as Licht der Heiligen Nacht. In: Holunder: Wochen-Beilage der Vorarlberger Landes-Zeitung für Volkstum, Bildung und Unterhaltung,* Jg. 10, Nr. 52 (24. 12. 1932).

HÄMMERLE, JOSEF: *Etwas über Dornbirner Volksbräuche. In: Heimat: volkstümliche Beiträge zur Kultur und Naturkunde Vorarlbergs,* Jg. 7 (1926).

HOFER, J.: *Alte Bräuche in Lustenau. In: Feierabend: Wochenbeilage zum Vorarlberger Tagblatt,* Jg. 15 (1933), Fg. 4.

JOCHUM, LEO: *Religiöses und kirchliches Brauchtum in Vorarlberg. In: Montfort: Vierteljahresschrift für Geschichte und Gegenwart Vorarlbergs Jg. 1 (1946),* Jg. 2 (1947).

KEGELE, ENGELBERT: *Weihnachten anno dazumal. In: »D'Mottaleue«,* Dezember 1992.

KLENK, EDITH: *Lärmbrauchtum: Weihnachten- und Neujahr-Anschießen, mit besonderer Berücksichtigung des Schießens vor Mädchenfenstern zu Neujahr. In: Österreichischer Volkskundeatlas,* 3. Lfg. (1968).

KÖBERLE, ALFONS: *Das Jahresbrauchtum der Walser im Wandel der Zeit: Vom »Klosatag bis Dreikönig«. In: Walserheimat in Vorarlberg,* H. 11 (1972).

KONZETT, IGNAZ: *Sitten und Gebräuche aus dem großen Walsertale. In: Vierteljahrsschrift für Geschichte und Landeskunde Vorarlbergs,* Jg. 2 (1918).

KONZETT, IGNAZ: *Weihnachts- und Neujahrsgebräuche.* In: *Heimat: Volkstümliche Beiträge zur Kultur und Naturkunde Vorarlbergs,* Jg. 1 (1920), H. 1-3.

LEIPOLD-SCHNEIDER, GERDA, FRITSCH, MARTIN, HUMPELER, ALOIS: *Alltag und Fest vom 19. ins 21. Jahrhundert.* In: Gemeinde Höchst (Hrsg.): *Höchst – jüngst: Krieg und Frieden, Alltag und Fest.* (= Heimatbuch, Bd. 5), Höchst 2010.

LEUPRECHT, ALFONS: *Brauchtum in Bludenz zu früheren Zeiten – Der Klosatag.* In: *Bludenz aktuell,* Nr. 4 (Dez. 1971).

LEUPRECHT, ALFONS: *Sitten und Gebräuche in Bludenz: Weihnachten.* In: *Bludenz aktuell,* Nr. 7 (1972).

LINDER-KNECHT, ANNA: U*nser Brauchtum.* In: Josef Bösch: *Heimat Rankweil,* Rankweil 1967.

Prosit Neujahr! In: *Holunder: Wochen-Beilage der Vorarlberger Landes-Zeitung für Volkstum, Bildung und Unterhaltung,* Jg. 11, Nr. 52 (30. 12. 1933).

RACHBAUER, PAUL: *Sitten und Gebräuche.* In: *Heimat Schwarzach* (1991).

RUDIGIER, ERNST: *Durchs Jahr,* Gaschurn 1994.

RUSCH, WOLFGANG: *Folklore in Bregenz.* In: *Vorarlberg – eine Vierteljahreszeitschrift,* Jg. 9 (1971), H. 4.

RUSCH-HUBER, ANNA: *Weihnachten 1924 am Kühberg.* In: *Stubat: Mit und für Senioren gestaltete Zeitung der Stadt Dornbirn,* Nr. 6 (Dez. 1995).

UNTERHOFER, ILSE: *Adventkalender Rathaus*. In: *Stubat: Mit und für Senioren gestaltete Zeitung der Stadt Dornbirn*, Nr. 29 (Dez. 2001).

VALLASTER, CHRISTOPH: *Altfeldkircher Weihnacht*. In: *Vorarlberger Volkskalender 1982*.

WELTE, ADALBERT: *Von Nikolaus bis Dreikönig*. In: *Vorarlberg – eine Vierteljahreszeitschrift*, Jg. 4 (1971).

WOLFRAM, RICHARD: *Adventkranz*. In: *Österreichischer Volkskundeatlas*, 1. Lfg. (1959).

Bitte beachten Sie auch folgende Buchhinweise.

Feldkirch. Grenzstadt im Wandel

Manfred Getzner und Christoph Volaucnik

978-3-86680-343-5 | 18,90 €

Urlaubsgrüße aus dem Montafon

Peter Strasser

978-3-86680-805-8 | 19,95 €

Buchhinweise

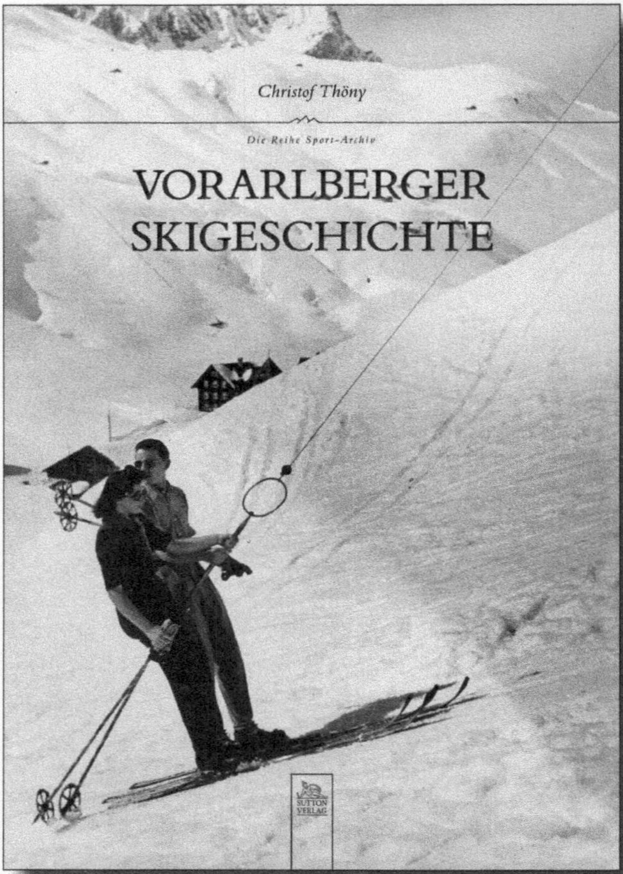

Vorarlberger Skigeschichte

Christof Thöny

978-3-95400-048-7 | 19,95 €

SUTTON VERLAG

Weitere Bücher aus Ihrer Region finden Sie unter:
www.suttonverlag.at